W0024540

BASTEI
LÜBBE

Dieses Buch widme ich:

Willy Breinholst

Die schönsten Geschichten für junge Eltern

Hallo – hier bin ich!

Guck mal, Mami, guck mal, Papi!

Hallo Mama – hallo Papa!

Mama ist die beste auf der Welt

BASTEI-LÜBBE-TASCHENBUCH
Band 10742

1. Auflage Juni 1986
2. Auflage Juli 1987
3. Auflage März 1988
4. Auflage Jan. 1989
5. Auflage Mai 1989

Printed in Western Germany 1989
Einbandgestaltung: Roland Winkler
Titelbild: Mogens Remo
Herstellung: Ebner Ulm
ISBN 3-404-10742-X

Der Preis dieses Bandes versteht sich einschließlich
der gesetzlichen Mehrwertsteuer

Inhalt

Willy Breinholst

Hallo – hier bin ich!

Ins Deutsche übertragen
von Isabella Nadolny
Illustrationen: Mogens Remo

In glücklichen Umständen

Seit Urzeiten herrscht über den Begriff »Empfängnis« und den Geburtsvorgang Uneinigkeit. Wie wir alle wissen, wurde Jesus von Nazareth vom Heiligen Geist empfangen und von der Jungfrau Maria geboren. Zeus ging schwanger mit Athene. Als während der Geburtswehen die Austreibungsperiode begann, griff der Gott der Schmiede, Hephästos, zur Axt und spaltete mit wohlgezieltem Kaiserschnitt den Schädel des Zeus – und hervor sprang eine vollständig entwickelte Athene. Leukomedon wurde von einem Vulkan geboren, dem Ätna auf Sizilien. Der Philosoph Peresilis hat selbst berichtet, er sei einem Erdhügel entsprungen, auf den ein Priester versehentlich einen Tropfen Weihwasser verschüttet hatte. Odin hatte mit der Erde einen Sohn namens Thor, und Huitzilopochtli, der Kriegsgott der alten Azteken, wurde von einem Federball, den seine Mutter an der Brust trug, empfangen und geboren. So bemerkenswert dies alles ist: das Allerphantastischste, Unglaubhafteste und Erstaunlichste an Empfängnis und Geburt, was man bis heute kennt, wird in diesem Bändchen geschildert. Ob Sie es glauben oder nicht: *Das* meint man, wenn von »anderen Umständen« die Rede ist ...

Wohnung zu vermieten

Hübsches, bequemes, luxuriös ausgestattetes Einzimmerappartement, gut isoliert, mit allem erdenklichen Komfort, eigenem Ein- und Ausgang, für den Zeitraum von 9 Monaten ab sofort an ruhigen Mieter abzugeben; Vollpension, Kinder willkommen, eine Traumwohnung mit vielen Möglichkeiten, sich einzunisten. Jederzeit unverbindlich zu besichtigen.

Darf ich hier wohnen?

Moment mal! Was geht hier eigentlich vor? Ich komme da nicht ganz mit. Ich bin ganz durcheinander. Ja, kriege ich am Ende die Wohnung vielleicht gar nicht? Ich werde vorwärtsgerissen wie aus einer Kanone gefeuert. Ich begreife nicht, worum es geht, aber mein Instinkt sagt mir, daß ich für die nächsten neun Monate eine Wohnung brauche, und deswegen muß ich ...

HILFE! Alle anderen Spermien drängeln und schubsen mich und versuchen, mich zu überrennen. Paßt gefälligst auf, ja, und laßt *mich* vor ...

Könnt Ihr mich sehen?

Du meine Güte, ist das hier ein Getümmel! Die Sache war die, verstehen Sie: Kaum hatte sich das Gerücht verbreitet, man erwöge ernstlich, jemanden in das nette Wohnschlafzimmer reinzunehmen – es hatte lange genug leergestanden und jetzt ermöglichte die Wirtschaftslage eine Vermietung –, setzte ein riesiger Zulauf ein. Wir waren mindestens drei bis vierhundert Millionen potentieller Mieter, und jeder wollte der erste sein, verstellte dem anderen den Weg und drängte sich vor, aber eine Million nach der anderen fiel zurück, und schließlich blieb nur ein einziger übrig, der Winzling ICH. (Wenn Sie mich sehen wollen, müssen Sie sich ein Elektronenmikroskop besorgen, denn ich bin noch sehr, sehr klein.) Jetzt brauche ich nur noch mit der Hausverwaltung Kontakt aufzunehmen, dann wird, wie ich annehme, das mit dem Mietvertrag schon in Ordnung gehen ...

Könnt Ihr mich jetzt sehen?

Der Mietvertrag ist unter Dach und Fach. Vor zirka vier, fünf Wochen habe ich mich mit der Hausverwaltung getroffen. Unsere Unterredung war überaus fruchtbar. Natürlich waren noch eine Unmenge Formalitäten zu regeln, um eventuelle spätere Reibereien auszuschließen, Doppelvermietung zum Beispiel, und dergleichen; außerdem war die Frage weiblicher oder männlicher Mieter zu klären, aber das regelte sich dann ganz von selbst. Man brauchte sich da nur an das Kleingedruckte im Mietvertrag zu halten, dort standen Anweisungen über X- und Y-Chromosomen; aber das würde hier zu weit führen. Jedenfalls ist das Problem gelöst. Wie Sie sehen, bin ich bereits eingezogen. Die Wohnung ist äußerst gemütlich, nur viel zu groß für mich. Keine Ahnung, was ich mit dem vielen Platz anfangen soll. Schließlich und endlich bin ich nur acht, neun Millimeter groß, und dabei muß ich schon mogeln und mich auf die Zehen stellen.

Ich werde langsam Ich!

Manche Leute sind schon wirklich komisch. Da wohne ich nun bereits einen guten Monat hier und bin vollkommen legal eingezogen, und erst jetzt rennt meine Wirtin zu einem Fachmann, um festzustellen, ob ich da bin oder nicht! Natürlich bin ich da! Der Fachmann (meine Wirtin nennt ihn Herr Doktor) mußte nicht weniger als drei Blutproben abzapfen, um festzustellen, ob jemand vorhanden ist oder nicht. Er vermaß die ganze Wohnung von außen und warf einen Blick in den Korridor, beschränkte sich aber im übrigen darauf, meiner Wirtin freundlich die Wange zu tätscheln und ihr zu versichern: Meine Liebe, es ist alles in schönster Ordnung, freuen Sie sich, in Ihre kleine Wohnung ist ein Mieter eingezogen.

Womit er MICH meinte.

Nun habe ich also auch die Bestätigung eines Experten, daß ich ein Recht auf die Wohnung habe: Sie steht mir zu. Na, das wußte ich ja längst. Übrigens weiß es jetzt auch der Mann meiner Wirtin. Als sie heimkam, hat meine Wirtin sich ihm an den Hals geworfen und beide waren vor Freude ganz aus dem Häuschen. Sie hatten die Wohnung nämlich noch nie vermietet; daher wissen sie vermutlich nicht, worauf sie sich eingelassen haben!

Meine Mami nenne ich Mami!

Ich habe einen wichtigen Entschluß gefaßt. Ich werde meine Vermieterin nicht mehr meine Wirtin nennen, sondern Mami. Ich habe mir das gut überlegt. Anfangs wußte ich nicht recht, ob ich sie Mami oder Papi nennen soll, aber irgendwie scheint es mir richtiger, sie Mami zu nennen, denn eben das ist sie, meine Mami, daran besteht kein Zweifel, und deshalb soll sie von jetzt ab auch so heißen. Meinen Papi werde ich Papi nennen, weil er mein Papi ist, obwohl ich ihn eigentlich weniger kenne, als ich schon jetzt meine Mami kenne. Sie können mich darin vielleicht nicht ganz verstehen, vielleicht versteht sogar die Mami mich nicht ganz, und vielleicht verstehe ich mich selbst nicht. Ich bin noch so winzig klein und muß bei Inkrafttreten des Mietverhältnisses eine Menge herauskriegen. Richtig zu Hause fühle ich mich noch nicht ganz, aber soviel weiß ich immerhin:

Mami ist MAMI.

Wer klopft da?

Mit der Mami ist es irgendwie sonderbar. Ganz zu Anfang, als ich gerade erst eingezogen war, ging sie herum, als wäre nichts passiert. Das heißt nicht, als ob gar nichts passiert wäre – nur beinahe. Wahrscheinlich kam ihr der undeutliche Verdacht, es könne jemand eingezogen sein, weil sie immer auf ihrem Bauch herumdrückte, wie um herauszukriegen, ob . . .

Mir war dann immer zumute, als käme eine ganze Wand der Wohnung auf mich herunter, anfangs ängstigte mich das ein bißchen, aber dann habe ich mich daran gewöhnt. Und als sie dann beim Doktor gewesen war und der gesagt hatte, alles sei in schönster Ordnung, und ich sei tatsächlich eingezogen, stand sie den ganzen Tag vor dem Spiegel. Und zwar immer seitwärts.

Seitwärts! Hat sie denn angenommen, ich würde mich so schnell wie möglich auf eine meiner Wohnungswände stürzen und sie ausbeulen? Ich? Ich mach' doch keine Beule in meine hübsche kleine Wohnung. Gar nicht nötig, danke. Ich hab' ja mehr als genug Platz.

Du, jetzt wiege ich 3 Gramm!

Wissen Sie, was ich glaube? Ich glaube, es wird während meines Aufenthalts hier eine Masse Probleme mit der Mami geben. Kaum bewege ich mich, schon wird ihr schlecht und dann weint sie. Und fünf Minuten später tanzt sie schon wieder vor lauter Freude im Zimmer herum. Und dann wird ihr wieder schlecht, und sie weint wieder, und ich kann mich auf nichts Vernünftiges konzentrieren. Ich halte sie für sehr labil. Im Ernst. Und ohne jeden Grund. Ich sitze doch ganz ruhig da und kümmere mich um meine eigenen Angelegenheiten, warum kann sie das nicht auch tun? Wahrscheinlich hat der Papi ganz recht, wenn er ihr immer wieder sagt: »Du liebe Zeit, Liebling, nimm es doch nicht so tragisch. Du bist nicht die erste, die mit einem solchen Winzling herumläuft.«

Was heißt hier Winzling! Ich bin bald 5 cm lang und wiege 3 Gramm. In nur zwei Monaten habe ich mein Gewicht vermillionenfacht. Nicht übel, was!

Hört mal . . . Mein Herz klopft!

Psssst! Seien Sie doch bitte mal einen Augenblick still. Jetzt horchen Sie mal ganz genau hin. Hören Sie etwas? Es ist was ganz Phantastisches. Wenn die Mami ganz ruhig ist und ich ganz ruhig bin und alle Welt ganz ruhig ist, höre ich mein Herz klopfen! Ich habe überhaupt nicht gewußt, daß ich ein Herz habe, bis ich plötzlich was klopfen hörte. Zum Kuckuck, dachte ich bei mir, was ist denn das, da klopft doch was? Und wie ich genauer hinhöre, merke ich, daß das Klopfen von meinem eigenen Herzen kommt. Ein Kerlchen mit einem eigenen kleinen Herzen. Phantastisch, was?

Kerlchen? Tja, bin ich nun Mann oder Frau, Junge oder Mädchen? Das muß ich rauskriegen.

Es ist nämlich nicht dasselbe, wissen Sie.

Hi, hi, ich kann strampeln!

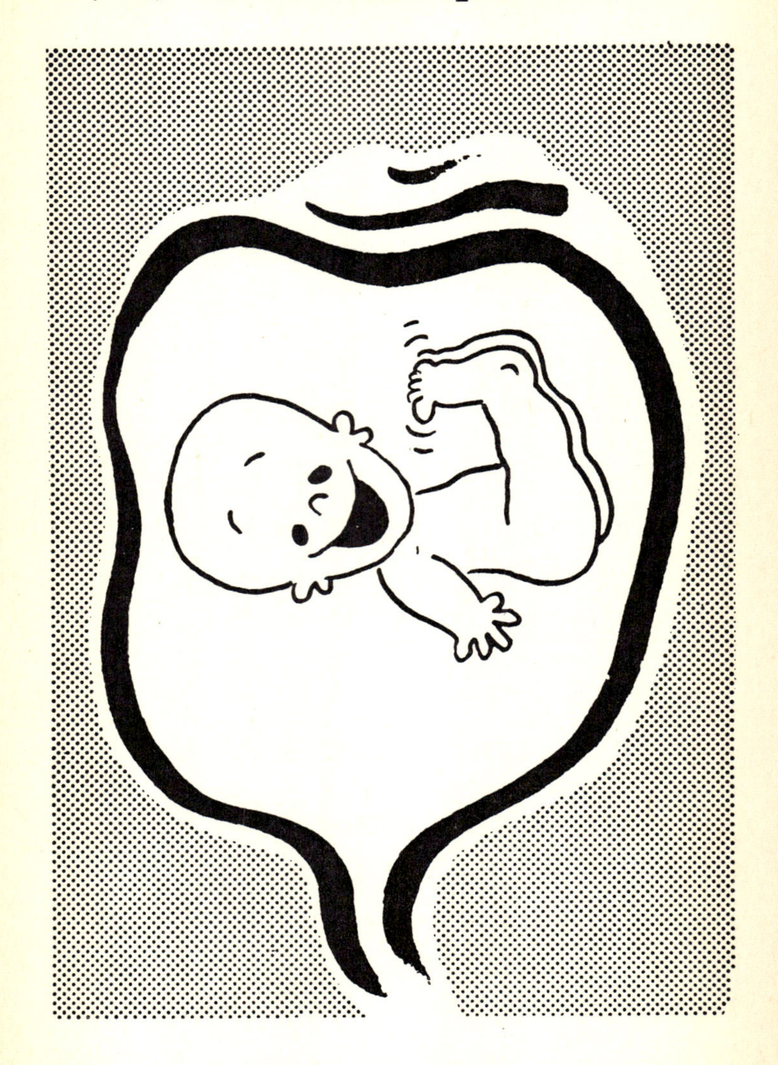

Wenn ich in diesem Maße weiterwachse wie jetzt, werde ich eines Tages hier ausziehen müssen. Noch vor ein paar Wochen war mein Kopf nicht größer als dies kleine o; und meine Arme und Beine waren nicht größer als ||. Dann wurde mein Kopf so groß wie ein großes O und meine Arme und Beine ungefähr so groß wie ( ). Jetzt wohne ich seit über zwei Monaten hier und wachse, wachse, wachse. Habe ich Ihnen schon erzählt, daß ich jetzt meine eigenen Lungen habe und Nasenlöcher, durch die man einatmen kann? Und Knochen, ja. Ich kann schon mit Armen und Beinen stoßen. Das macht mir richtig Spaß, wissen Sie. Manchmal stoße ich damit ein bißchen an die Wände meiner Wohnung, um der Mami Klopfzeichen zu geben, aber bis jetzt habe ich noch keinen richtigen Kontakt bekommen. Und wissen Sie, was ich noch kann?

Ich kann mit den Zehen wackeln. Sie auch?

Oh, ich muß Bäuerchen machen!

Über die Mami kann ich manchmal wirklich nur lachen. Da behauptet sie doch, sie passe nicht mehr in ihre Kleider; die würden ihr zu eng, sagt sie, weil ich allmählich so viel Platz brauche! Haha! Na, so was! Dabei berühre ich noch nicht mal die Wände. Aber Papi und Mamis Doktor sagen, das sei alles nur Einbildung, solange sie noch nicht weiter sei. Weiter? Wohin eigentlich weiter?

Mamis Doktor sagt außerdem, daß die Mami mehrmals täglich kleinere Mahlzeiten zu sich nehmen soll, statt ein, zwei überreichliche. Aus Rücksicht auf mich, sagt er. Von mir aus! Ich mag es sowieso nicht, wenn sie sich so vollstopft. Mir ist dann immer, als wenn ich aufstoßen möchte. Könnte ich übrigens glatt, wenn ich nur wollte. Ich habe einen Mund und alles und . . . da, das war eben ein Bäuerchen!

Du meine Güte, diese Mami ist doch wirklich dumm. Jetzt hat sie wieder was gegessen, was sie nicht sollte.

Junge oder Mädchen?

Mami und Papi sind meinetwegen total durchgedreht. Die Mami sagt, ich solle später Annette, Adele, Agathe, Agnes, Annie, Anita, Angela, Antonie, Aida, Amanda, Anne, Asta, Ada heißen. 1500 Namen kann ich kriegen, sagt sie. Und die liest sie laut aus einem Buch vor, und der Papi soll aufschreiben, welche ihm am besten gefallen. Aber er schreibt überhaupt nichts auf. Er sagt, es geht nicht, daß ein Junge Annette, Adele, Agathe, Agnes oder so heißt. Er will, daß ich Alfred, Andreas, Anton, Arnold, Arthur, Adrian, Angus, Alex, Allan, Angelo, Adam, Albert oder Alistair heiße, aber die Mami will nicht, daß ein Mädchen Alfred heißt, sagt sie. Peng! Jetzt sind sie wieder da, wo sie angefangen haben. Der Papi sagt, Streit wegen so was bringt gar nichts, weil wir nicht wissen, ob ich ein Junge oder ein Mädchen werde.

Mensch, ich kann spucken!

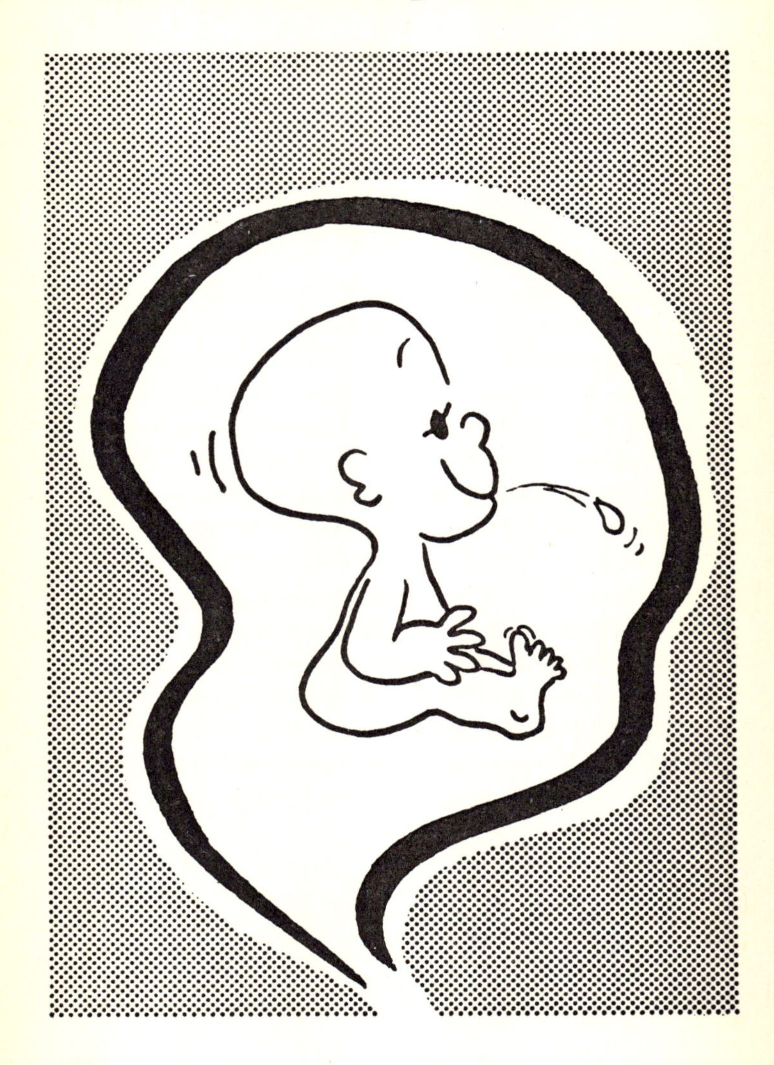

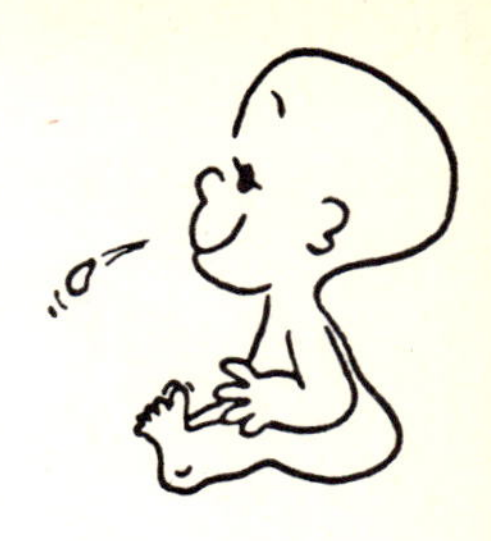

Ich kann spucken! Natürlich keinen gezielten Strahl, aber ich habe ein paar Drüsen, die Speichel produzieren. Na ja, hier drin ist ja sowieso kein Platz fürs Fernspukken. Überhaupt habe ich bei näherer Besichtigung festgestellt, daß die Wohnung bei weitem nicht so geräumig ist, wie sie mir beim Einzug vorgekommen ist. Ich wohne jetzt fast drei Monate hier, bin aber nach wie vor sehr zufrieden und habe keine Lust, mich zu verändern.

Hier passiert jeden Tag etwas Neues. Sollte ich mich jemals langweilen, könnte ich immer noch Nägel kauen. Wie Sie sehen, wachsen mir jetzt auch Nägel. Außerdem habe ich Saugmuskeln in den Backen, mit denen kann ich saugen, wenn mir etwas begegnet, woran ich gern saugen möchte. Könnte ja mal sein, nicht wahr. Und wissen Sie, was ich noch kann? Ich kann auf den Fußboden pinkeln. Aber nur ein ganz kleines bißchen.

O Mann, mir geht es schlecht!

Heute bin ich schlechter Laune. Die Mami ist schlicht blöd. Wenn sie so weitermacht, werde ich kaum hierbleiben können. Dann hau ich einfach ab, ohne Vorwarnung. Liegt ganz bei ihr. Ich war fast die ganze Nacht in einer Diskothek. Ich! Ich schlief fest, plötzlich setzte ein irrer Krach ein, und ich wurde von einer Wand zur anderen geschleudert, Hunderte von Malen, immer von hier nach dort. Ich hatte die größten Schwierigkeiten, mich festzuhalten, und der Krach war ohrenbetäubend. Die ganze Nacht habe ich kein Auge zugetan. Die Mami tanzte und tanzte. Mir wurde immer schwindliger. Wenn ich nur was gehabt hätte, um damit an die Decke zu klopfen, damit ich meine Ruhe bekommen hätte, aber ich hatte nichts, und Mami und Papi tobten ruhig weiter. Yeah! Yeah! Yeah!

Solche Sachen sind nichts für mich. Zum Glück ist die Mami sofort eingeschlafen, als sie dann endlich ins Bett kam. Und heute fühlt sie sich gar nicht gut. Ich auch nicht.

Ich denke ernsthaft daran, auszuziehen.

Jetzt ist's wieder gut!

Heute kam der Doktor die Mami besuchen. Die Mami erzählte ihm was von leichten Blutungen. Vermutlich hat sie sich in den Finger geschnitten. Später gestand sie dann, daß sie ein Weilchen in der Diskothek war. Ein Weilchen! Na, ich muß schon sagen! Ich habe noch nicht überwunden, wie ich von einer Wand zur anderen geschleudert worden bin; immer wenn es mir einfällt, bekomme ich so ein komisches Gefühl, als ob ich es in einem so engen Raum wie hier nicht mehr aushalten könnte. Und dann will ich auf und davon.

Zum Glück hörte ich, daß der Doktor die Mami tüchtig ausgeschimpft hat, das war mir ein großer Trost. Der hält zu mir.

Na ja, die Mami ja eigentlich auch. Sie ist den ganzen Tag im Bett geblieben, und hat sich kaum einen Zentimeter bewegt, um mich nur ja nicht zu verstimmen. Das war ja nun wieder goldig von ihr. Mir ist schon viel besser, und ich bin, was die Wohnung anbetrifft, zu einem Entschluß gekommen.

Ich bleibe.

Könnt Ihr meine hübschen Ohren sehen?

Im übrigen tut sich bei mir einiges, das kann ich Ihnen flüstern. Ich habe Augenlider. Wunderschöne Lider, pro Auge eines. Und wenn ich mich mit der flachen Hand an der Wand abstütze, und etwas drängt von außen dagegen, mache ich automatisch eine Faust. Nicht weil ich wütend bin. Nein, nein, nur so, um was zu tun zu haben. Ulkig, nicht? Mein Gesicht wird auch von Tag zu Tag besser. Ich sehe allmählich aus wie ICH, und das ist auch gut, damit jeder, der einen zufälligen Blick auf mich wirft, gleich weiß, daß ICH es bin, und nicht irgend jemand anders. Und sollte die Mami mich je zu Gesicht kriegen, würde sie gleich erkennen, daß ICH es bin. Meine Ohren sitzen jetzt genau dort, wo sie hingehören. Solide Arbeit, mit Gehörgängen und vielerlei Windungen und lauter solchen Sachen. Der Papi zeigt großes Interesse an der Ohrenfrage. Als er mit Mami und mir eines Abends zu Bett gegangen war und sie noch miteinander schwatzten, hörte ich ihn sagen:

Hoffentlich hat er nette Ohren. Ich jedenfalls habe mein Möglichstes getan, Liebling. Es ist teuflisch schwer, ein paar hübsche Ohren zustande zu bringen.

Werde ich ein Brustkind?

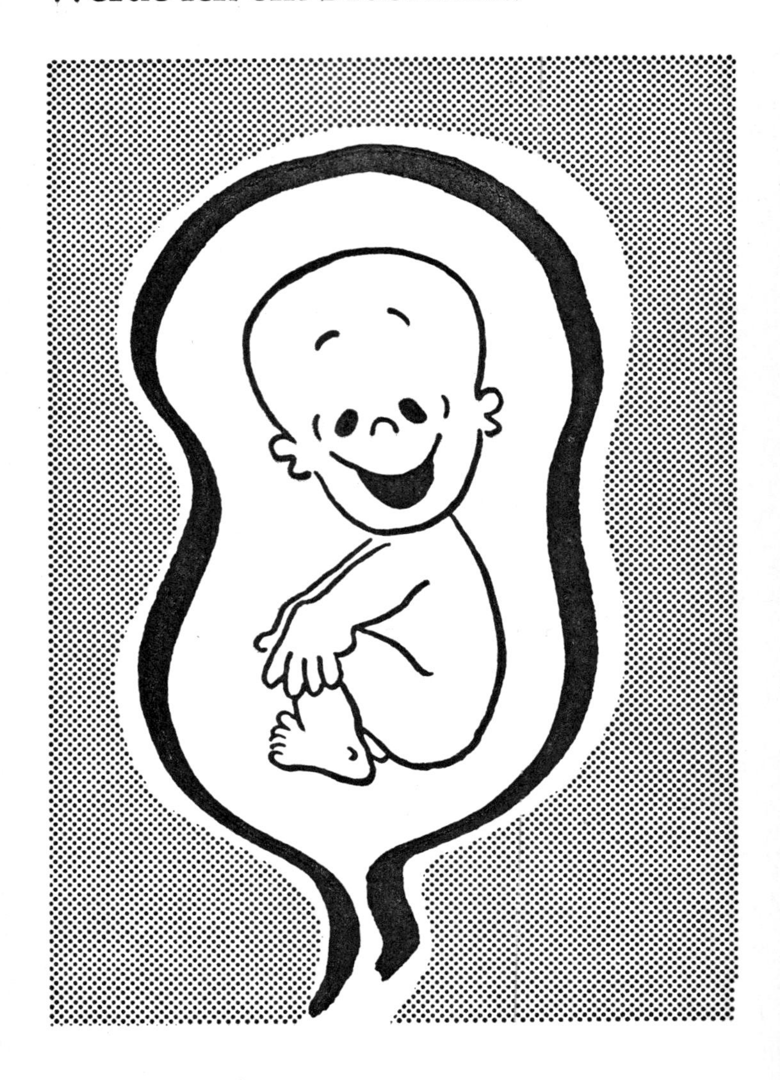

Die Mami schaut immer noch ständig in den Spiegel. Sie achtet sehr auf ihre Brüste. Sie behauptet, die sähen geschwollen aus. Der Papi sagt, sie würden immer größer. Wenn das so weitergeht, sagt er, muß ich dich mit einer Schnur festbinden, Liebling, sonst fliegst du mir noch eines Tages davon wie ein Luftballon. Sagt der Papi. Wenn die beiden sich über Mamis Brüste unterhalten, kriege ich so komische Gefühle im Mund und will immer lutschen. Komisch, was? Manchmal träume ich von Mamis Brüsten, und dann träume ich, daß ich beide Hände darin vergrabe und mich ganz fest ansauge. Ich weiß nicht warum, aber es ist ein hübscher Traum. Die Mami redet auch viel davon, daß ich möglicherweise ein Flaschenkind werde und kein Brustkind. Flaschenkind werde? Wieso »werde«? Brustkind, Flaschenkind, was zum Donnerwetter meinen die eigentlich?

Möglicherweise werde ich nicht genug Milch kriegen, sagt sie.

Milch? Wozu soll die denn gut sein?

Ich kann Mami treten!

Ich habe Protest erhoben. Ich will nicht haben, daß die Mami so viel raucht. Der Papi sagt auch, sie soll ihren Zigarettenkonsum einschränken. Sie behauptet, das beruhige mich. Dann versetze ich ihr einen Tritt, und sofort drückt sie ihre Zigarette aus und läßt für eine Weile das Rauchen sein. Wenn ich nach ihr trete, hat sie ganz schön Respekt vor mir. Also werde ich sie von jetzt an häufiger treten. Als Drohgeste bewährt sich das bestens. Vielleicht bilde ich es mir nur ein, aber wenn sie mich mit dem blödsinnigen Zigarettenrauch vollpumpt, habe ich immer das Gefühl, ich könne nicht mehr atmen.

Die Mami hat selber eine Mami. Die Mami von der Mami ist ihre Mutter. Mit einem Wort, meine Großmutter. Diese Großmutter sagt, daß werdende Mütter, die zu viel rauchen, viel kleinere Kinder kriegen, die obendrein zu früh geboren werden. Soweit die Mutter von der Mami. Meine Großmutter. Wenn sie so was sagt, drückt die Mami immer ganz schnell ihre Zigarette im Aschenbecher aus. Und dann seufze ich erleichtert auf und schlukke einen großen Mundvoll frischer Luft bis hinunter in die Lungen.

Mmmmmm. Köstlich!

Mami ist die allerbeste!

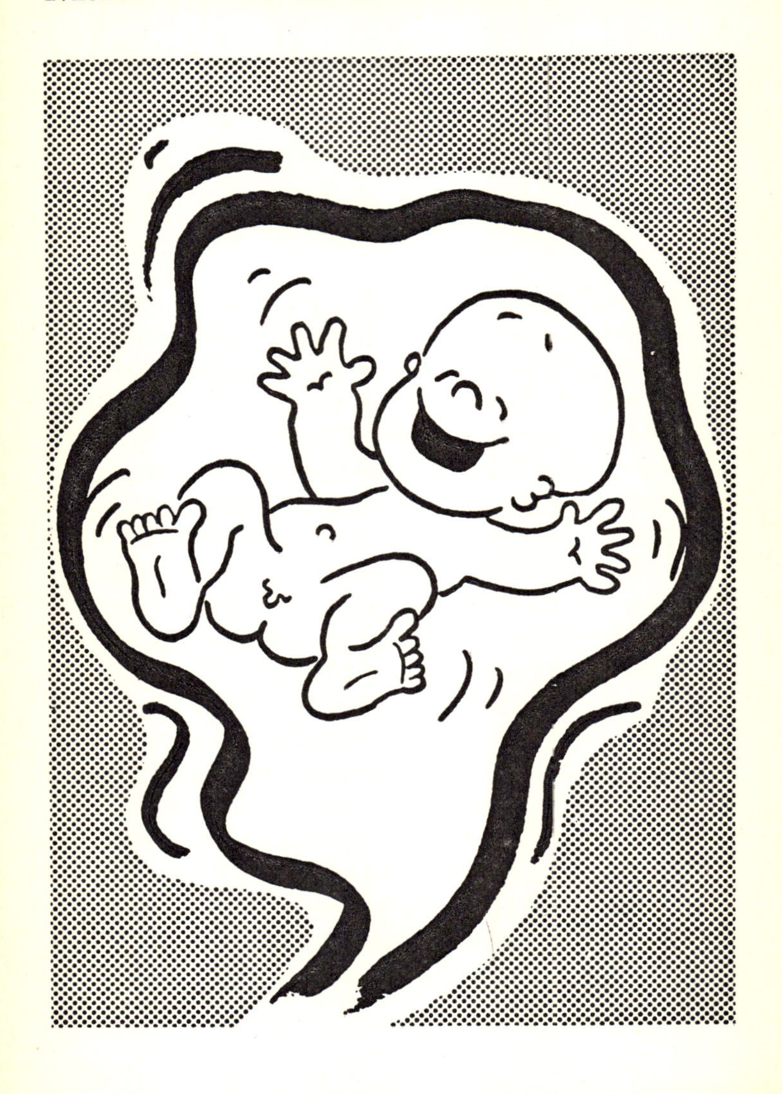

Natürlich ist die Mami die allerbeste, schon weil sie *meine* Mami ist, aber alles was recht ist, einfach ist es nicht mit ihr. Bei ihr weiß man nie, was sie gleich wieder Dummes anstellen wird. Neuerdings hat sie sich in den Kopf gesetzt, mich auf die sonderbarste Weise herumzuschwenken. Ich muß mich an sie anklammern und weiß oft nicht mehr, wo oben und wo unten ist. Gymnastik für werdende Mütter nennt sie das. Um alles in der Welt, gute Frau, hör auf damit. Zu allem Überfluß behauptet sie auch noch, sie täte es für mich! Hockt sich plötzlich auf alle viere und macht ein Hohlkreuz, schwenkt das Hinterteil hin und her, rollt sich auf den Rücken und läßt die Beine kreisen und solches Zeug. Manchmal wird mir ganz schön schwindlig. Manchmal macht es aber auch einen Riesenspaß. Zum Beispiel, wenn sie solchen Unsinn macht und auf allen vieren rumkriecht und ihr Hinterteil von rechts nach links schwenkt, dann muß ich einfach lachen; das ist nämlich wie auf einer Schaukel und kitzelt mich am Bauch. Da, jetzt macht sie es schon wieder!

Hihi! Hihi! Hör bloß auf damit . . .

Papi mischt sich ein!

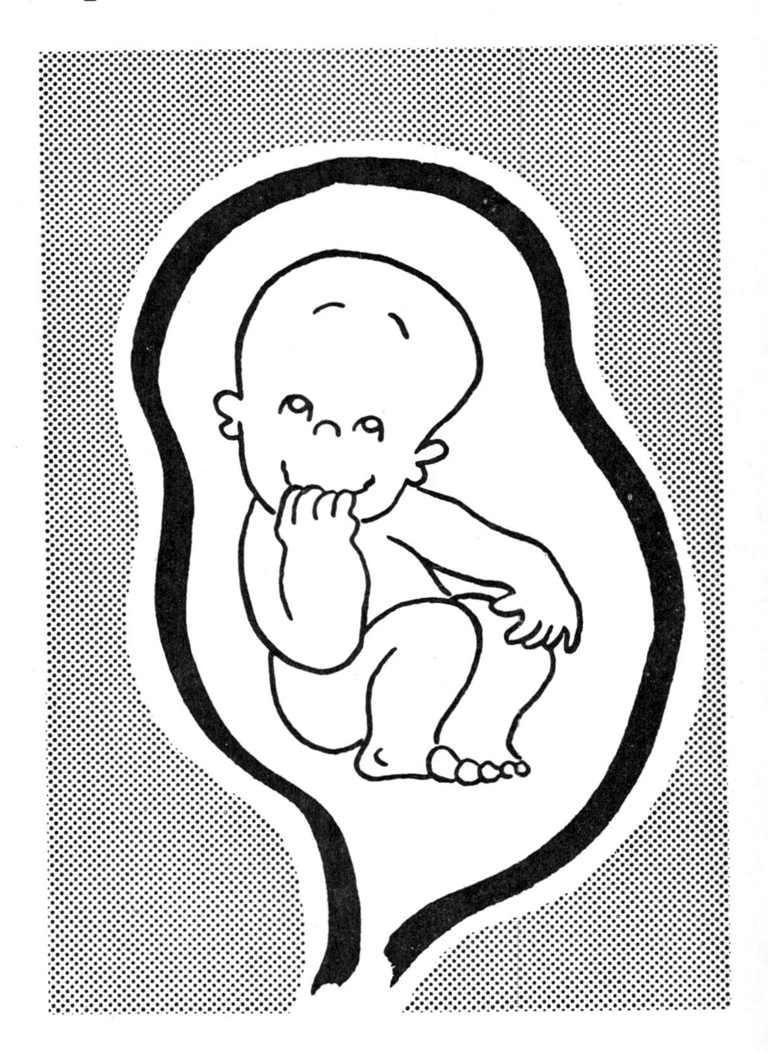

Mit der Mami zu leben wird immer schwieriger. Ich habe es bald satt, mir anzuhören, was ihr alles fehlt. Entweder sie ist verstopft, oder sie kriegt Gänsehaut oder Wadenkrämpfe oder Sodbrennen oder tausend andere Sachen, dann wieder rennt sie aufs Klo – man hat keine ruhige Minute mehr. Und jetzt hat auch noch der Papi angefangen, sich einzumischen. Er behauptet, um ihn kümmere sich keiner mehr. Wenn sich die Mami bei ihm beklagt, paßt ihm das nicht. Und wenn sie sich nicht bei ihm beklagt, paßt ihm das auch nicht. Ihm gegenüber dürfe sie sich getrost aussprechen, sagt er. Und wenn sie es dann tut, sagt er, das sei doch alles kompletter Blödsinn. Du machst aus einer Mücke einen Elefanten, sagt er, und ich will kein Wort mehr über diese Entbindung hören. Jede Frau, die Brot schneiden kann, sagt er, kann auch ein Kind zur Welt bringen.

Ein Kind zur Welt bringen? Was ist das nun schon wieder?

Es ist einfach himmlisch!

Ich habe es urgemütlich. Von mir aus braucht sich nichts zu ändern. Jetzt habe ich meinen eigenen Blutkreislauf und fühle mich rundum prima. Meiner Mami geht es auch besser. In letzter Zeit kommt sie mir viel ruhiger vor. Und wenn die Mami sich nicht aufregt, rege ich mich nicht auf, und wenn Mami und ich uns nicht aufregen, regt sich auch der Papi nicht auf, und wenn wir alle drei uns nicht aufregen, regt sich kein Mensch auf.

Also regen wir uns nicht auf.

Es ist einfach himmlisch: Jeden Abend, wenn die Mami im Bett ist, streichelt mich der Papi. Nicht direkt, natürlich. Er streichelt meine Mami auf dem Bauch, und die Mami sagt: Es ist wundervoll, so einen Winzling unter dem Herzen zu tragen. Und dann sagt der Papi: Ja, ist es nicht einfach phantastisch! Und dann muß die Mami ganz still liegen und darf kein Wort sagen, und dann drückt er sein Ohr auf ihren Bauch und horcht, ob er mich hört.

Huu-uh!

Mami, was machst Du da?

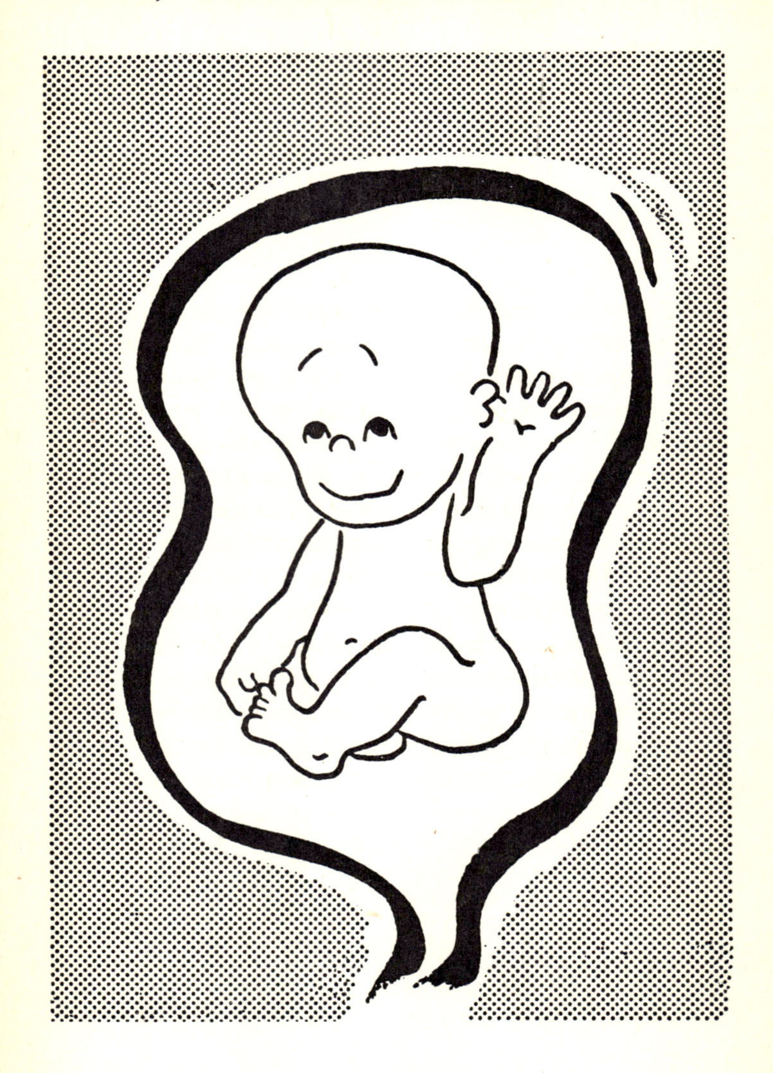

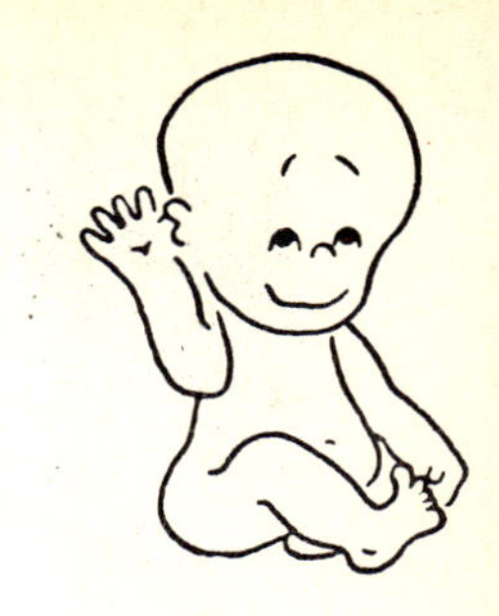

Seit langem höre ich, wenn ich mein Ohr an die Wand lege, ein merkwürdiges schabendes Geräusch, als ob einer den Boden poliert. Ich habe nie herausgekriegt, was es ist, aber jetzt habe ich die Mami mit dem Papi darüber reden hören. Es ist die Mami, die sich den Bauch reibt. Verrückt, nicht wahr? Aber sie besteht darauf, da ihre Haut sich bald so wird dehnen müssen, daß sie so geschmeidig und elastisch sein muß wie die von einem Gummiball, der immer stärker aufgepumpt wird, sagt sie. Sie schmiert sich Fettcreme auf den Bauch und massiert das Zeug ein, aber es nützt nichts, die Haut wird von Tag zu Tag straffer, und der Papi sagt, bald wird sie so glatt sein, daß er versuchen wird, darauf Schlittschuh zu laufen.

Ich würde mich nicht wundern, wenn er eines Tages dazu überginge. Allmählich bin ich ja einiges gewöhnt.

Ich habe . . . hick!

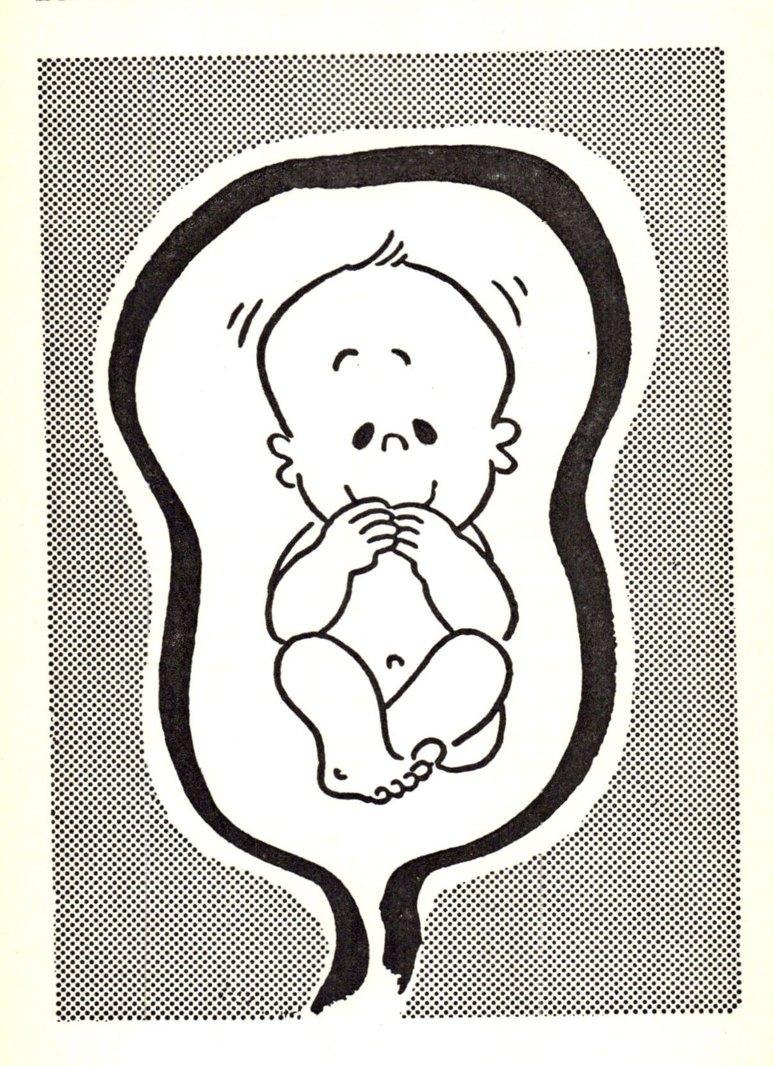

Wenn ich doch einen Spiegel hätte! Ich würde so gern sehen, wie ich mit Haaren aussehe. Mein Kopf hat nämlich Haare bekommen. Wenn die Mami mich jetzt sehen könnte, fände sie bestimmt, daß mir das steht. Außerdem habe ich – hick – Wimpern gekriegt. Wenn ich mit den Augen blinzle, blinzeln sie mit. Und drittens – hick – habe ich eine sehr gute Schlafstellung entdeckt. Richtig erholsam. Mit dem Kinn auf der Brust. In dieser Lage kann ich – hick – na, das ist doch zu blöd. Ich weiß auch nicht, was es ist, aber – hick – jetzt habe ich es wieder. Manchmal geht das stundenlang so weiter, als ob ein Rülpser auf meinem Zwerchfell Purzelbäume schlägt – hick. Es tut mir schrecklich leid, mit dieser idiotischen Hickerei die Mami zu ärgern, denn ich habe es hier wirklich warm, friedlich und schön, und es wäre mir gräßlich, Ungelegenheiten zu machen. Zum Glück habe ich inzwischen herausgekriegt, wie ich diese dumme Rülpserei abstellen kann: Ich brauche nur ganz gleichmäßig und tief zu atmen, dann –

Hick!

Ich bin total verheult!

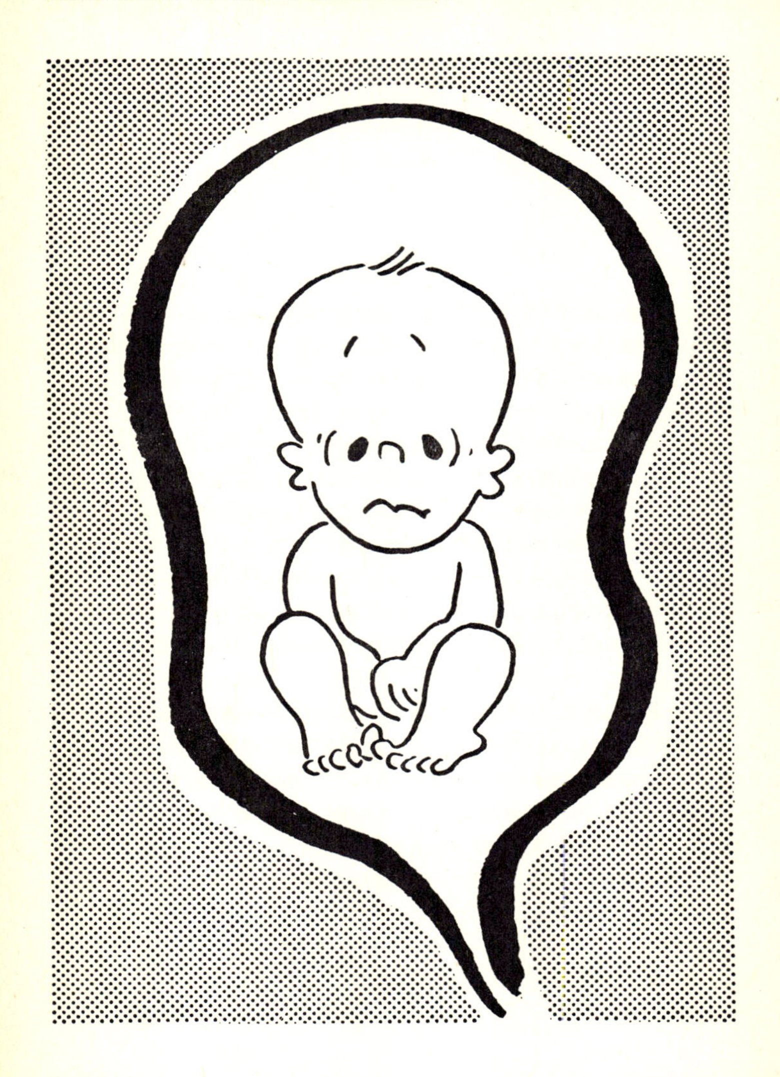

Na, ich habe mich vielleicht erschrocken: Bis heute war alles gemütlich und still, und auf einmal ist etwas passiert, was mich ängstlich in die Zukunft blicken läßt. Die Mami hat mich mitgenommen zu einer Dame, die *Hebamme* genannt wird. Sie können sich darauf verlassen, daß ich mir diese Bezeichnung merken und aufpassen werde wie ein Schießhund, daß ich der nicht nochmal begegne. Mit der will ich nichts zu tun haben. Wenn die sich nochmal so aufdringlich an mich heranmacht, drehe ich ihr einfach den Rücken zu. Dabei könnte ich nicht mal sagen, was mir an ihr so unsympathisch ist. Ich mag sie eben nicht.

Ich zittere noch immer. Obwohl sie mir ja nichts zuleide getan hat. Sie hat nur der Mami eine Blutprobe entnommen und auf mich gehorcht. Ich habe ganz still gelegen und kaum zu atmen gewagt.Aber mein dummes Herz hat so laut geklopft, daß sie es hören mußte. Sie hat zur Mami gesagt, wenn sie zweierlei Herztöne hören könnte, wäre ich Zwillinge.

Ich? Zwillinge?

Ich habe kein Wort begriffen.

Uff, Gin brennt in den Augen!

Jetzt ist wieder ein Tag so friedlich wie der andere. Ich könnte getrost auf meinem nackten Hintern sitzen, brauchte mich um nichts zu kümmern und nur hin und wieder mal in meiner neuen Schlaflage ein Nickerchen einlegen. Und was passierte gestern abend? Mami und Papi haben Gäste, und die Mami ißt doch glatt von dem fetten Zeug, von dem der Doktor ihr so abgeraten hat, und ich fühle mich schlicht grauenvoll. Anschließend hat sie mich beinah ertränkt in etwas, das Gin und Wermut heißt und noch etwas, das Cola mit Rum heißt. Der ganze Kram ist naturgemäß vollständig in mich eingesikkert, ich bin fast gewatet in Gin und Wermut, und die Augen haben mir gebrannt. Ich konnte kaum noch atmen und bekam es mit der Angst und haute mit der geballten Faust an die Wände und trat um mich so energisch ich konnte, damit sie damit aufhörte. Endlich hörte sie auf und ging ins Bett. Sie fühle sich nicht gut, sagte sie.

Ich brauche nur den Kopf zu schütteln, dann ist mir, als wäre der ganze mir zur Verfügung stehende Raum, als wäre die ganze Welt nur noch Gin und Wermut.

Laßt mich in Ruhe!

Ich mag das nicht, daß mich die Mami zu ihren sämtlichen Damenbekanntschaften mitzerrt. Eben waren wir bei etwas, das heißt Entspannungskurs. Es regt mich jedesmal auf, wenn diese dummen Damen zur Mami so sonderbare Sachen sagen und sie beschwatzen, Dummheiten zu machen, statt die Mami und mich in Ruhe unser Zusammensein genießen zu lassen. Die neue Dame befahl der Mami, sich hinzulegen und die totale Entspannung zu üben. Sie sollte langsam durch die Nase atmen und die Luft langsam zu den Ohren herauslassen (vielleicht auch durch den Mund, jedenfalls g-a-a-a-nz langsam) Und dann sollte die Mami alle unnötigen inneren Spannungen abbauen, alles Unwichtige von sich schieben und sich ganz auf ihren Körper konzentrieren. Sagt die Fachfrau für Entspannung. Wenn die Mami, sagte sie, erst begriffen habe, wie Muskulatur und Atmung sich gegenseitig beeinflussen, und wie wichtig das sei, dann sei das sehr günstig für sie.

Bla – Bla – Bla!

Seid doch etwas leiser!

Meine Mami ist keine Durchschnittsmami. Sie hat kein Gefühl dafür, wie man auf andere Rücksicht nimmt. Meine kleine Wohnung ist nicht entfernt so gut isoliert, wie ich dachte. Seit kurzer Zeit bin ich sehr empfindlich gegen Geräusche von draußen. Wenn eine Tür knallt, fahre ich zusammen. Wenn das Radio angestellt wird, wache ich auf. Oder wenn ein Hund bellt. Aber das allerschrecklichste ist, wenn die Mami mitten in der Nacht aufsteht und anfängt, aus einem Maschinengewehr zu feuern. Das tut sie jetzt fast jede Nacht und der Papi meint, daß sie ein paar sehr dumme Eßgewohnheiten angenommen habe. Sie ist jetzt wie versessen auf etwas, das Popcorn heißt und behauptet steif und fest, ohne Popcorn könne sie nicht auskommen. Um 2 Uhr nachts steht sie auf, schüttet ein Päckchen Maiskörner in einen kleinen Tiegel und macht Popcorn, und wenn der Mais im Kochtopf explodiert, geht es Peng! Peng! Peng! und ich wache aus dem süßesten Schlummer auf und zittere vor Schreck.

Man braucht schon Nerven, um ICH zu sein!

Mami weint

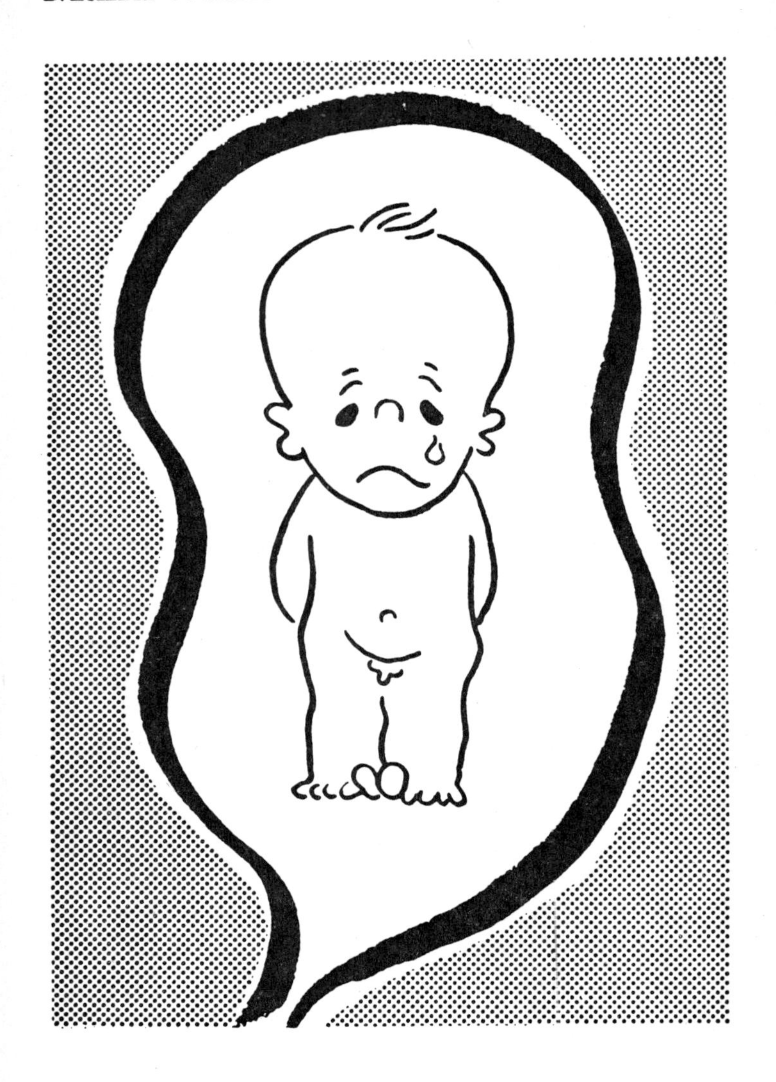

Bei uns ist wieder mal Riesenärger! Die Mami weint und ist deprimiert und ganz außer sich. Der Papi tröstet sie und sagt, sie soll doch nicht auf dieses dumme Altweibergeschwätz hören. Es fing damit an, daß die Mami ein paar Damen zum Tee einlud. Sie unterhielten sich so gut wie ausschließlich über mich. Eine der Damen sagte, sie kennt eine Dame, die kennt eine Dame, die hat Präeklampsie gekriegt. Die Mami hat gefragt, was das ist, und die Dame hat gesagt, das ist eine Schwangerschaftsvergiftung. Dann sagte wieder eine andere Dame, sie hat eine Freundin, die hat eine Schwester, und die bekam Masern während der Schwangerschaft. Danach herrschte absolute Stille im Zimmer, bis wieder eine andere Dame sagte, sie kennt eine Dame, die kannte eine Dame, die hatte von einer Dame gehört, deren Kind eine Zangengeburt war. Und da hat die Mami angefangen zu weinen. Und seitdem weint sie. Und wenn meine Mami weint, ist mir auch so weinerlich.

Hör doch auf, Mami, bitte, hör doch auf. Der Papi sagt auch, daß du aufhören sollst!

Mensch, mir geht's gut!

Also, jetzt wissen wir's! Von jetzt ab bin ich lebensfähig, hat Mamis Doktor gesagt. Die Mami ist im sechsten Monat, und wenn irgendwas passieren sollte, sagt Mamis Doktor, habe ich die Chance, im Brutkasten durchzukommen. Besten Dank, ich geh in keinen Brutkasten, ich bin hier ganz zufrieden, wo ich jetzt bin. Er hat mich nie gesehen, aber er weiß alles über mich. Ich bin jetzt 600 cm lang und wiege 35 Gramm. Oder war es umgekehrt? Ich habe nicht richtig aufgepaßt. Viel drolliger fand ich, daß er sagte, ich hätte eine Schutzschicht um mich herum. Eine Lage weißes Fett, die mich gegen Stöße schützt, wenn ich trampele oder mich umdrehe. Von jetzt an kann ich also um mich treten, soviel ich will, ohne mich zu verletzen. Wenn die Mami auf dem Bett liegt und der Papi schaut aufmerksam auf ihren Bauch, kann er mich sehen, wie ich das Leder umdribble und kicke und Kopfbälle lande.

Er wird mir Fußballerstiefel kaufen, sagt er.

Au ja, fein!

Jetzt hat Mami Windeln gekauft!

Die Mami ist in die Stadt gegangen und hat Windeln gekauft. Windeln noch und noch. Die Verkäuferin hat gemeint, sie wären außer ihrem Hauptzweck auch noch für manches andere brauchbar. Was für ein Hauptzweck? Sie hat gesagt, man kann sie als Lätzchen umtun oder als Laken in mein Bettchen spannen. Sicher wollte sie die Mami nur auf den Arm nehmen, weil ich ja gar kein Bettchen habe, aber die Mami hat sich alles begeistert angehört, mit großen, strahlenden Augen. Sie hat auch was gekauft, das so ähnlich wie »Moltontuch« heißt, und Gummihöschen. Und eine Strampelhose für wenn ich daliege und strample, und das finde ich prima, denn den Weltrekord im Strampeln, den habe ich jetzt bald.

Als die Mami mit ihren Einkäufen heimkam, kriegte der Papi beinahe einen Herzanfall. Was willst du denn mit all dem Zeug, hast du für die ganze Entbindungsstation eingekauft – oder was?

Als der Papi das Wort Entbindungsstation aussprach, war mir wie bei einem Elektroschock, und die Mami faßte sich an den Bauch, und ihr wurde ein bißchen übel. Falsche Wehen, sagte der Papi. Hat überhaupt nichts zu bedeuten.

Für Papi gibt es Grenzen!

Jetzt bin ich also im Zirkus gewesen! Die Mami ist mit etwas heimgekommen, das sie Plastikpuppe nannte und wollte, daß der Papi sie badet und wickelt, und das hat er auch probiert, aber als er beim Wickeln angekommen war, schmiß er alles auf den Boden und sagte ganz ärgerlich, mit diesem verdammten Zirkus will ich nichts zu tun haben. Und da hat die Mami ihn ein bißchen aufgezogen und schließlich hat er es doch nochmal probiert, aber da hat die Mami gesagt, er hat zwei linke Hände. Die Plastikpuppe hätte ich gern gesehen, weil die Mami gesagt hat, die ist aber furchtbar lieb, und wenn ich auch so lieb würde, wäre sie sehr froh, und dann hat sie die Plastikpuppe in das Moltontuch eingewickelt und hat sie auf den Armen ganz leise hin und her gewiegt.

Das hätte ich gern ausprobiert.

Ich plaudere mit Mami

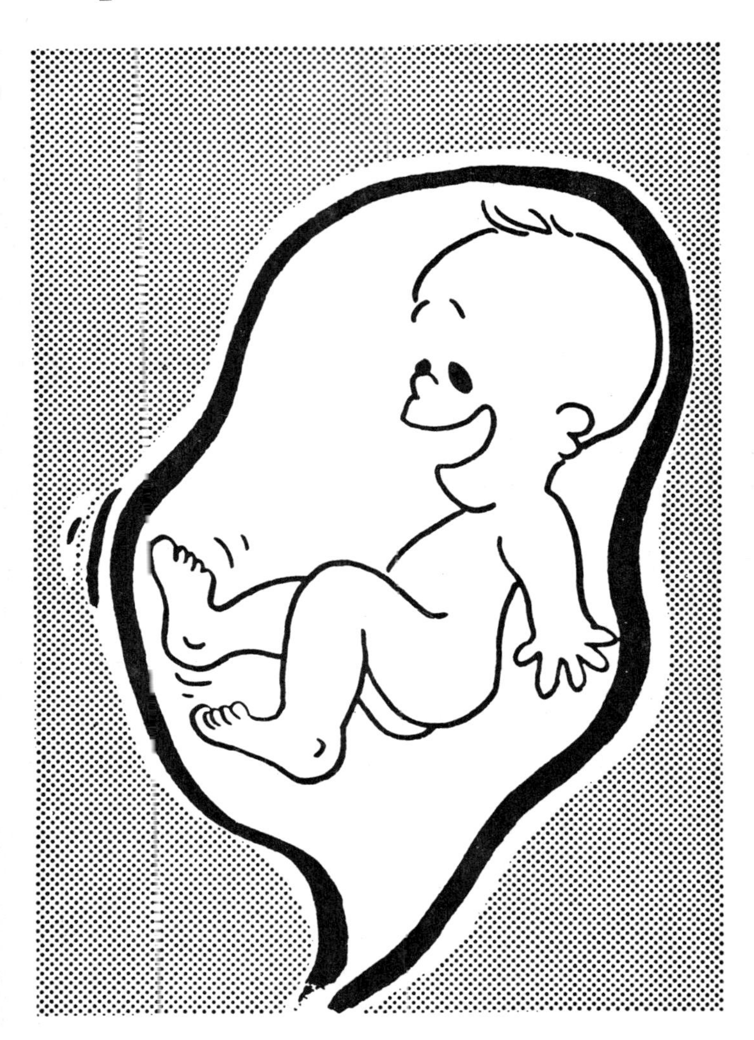

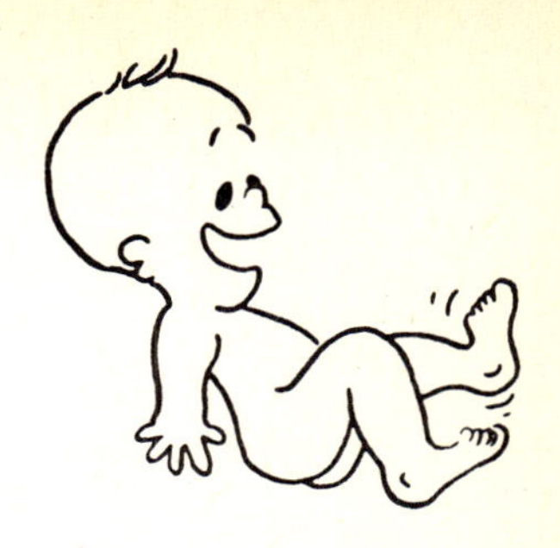

Die Mami hat angefangen, mit mir zu reden. Sie nennt mich ihr Schätzchen, ihren klitzekleinen Racker. Manchmal sagt sie, ich bin ein Unband, und manchmal sagt sie, wenn ich mich nicht manierlicher benehme, wird sie ernsthaft böse. Wenn sie das sagt, nennt sie mich auch nicht ihr Schätzchen. Mami und Papi haben ein sehr liebes, sanftes Tier, das sie Pussy rufen. Manchmal, wenn die Mami auf ihrem Bett liegt und sich ausruht, springt Pussy auf sie drauf und legt sich der Mami auf den Bauch, dann kann ich beinah fühlen, wie lieb und weich sie ist. Manchmal versetze ich ihr einen Tritt, nur so zum Spaß, und das spürt sie und stellt sich auf die Beine und gibt Mamis Bauch einen kleinen Klaps mit der Pfote, und dann hebt die Mami den Kopf und sagt: »Ruhe da unten, ihr zwei!«

Und wenn die Mami in der Badewanne liegt, hält sie manchmal ganz ganz still und hofft, daß ich ihr gerade jetzt einen Tritt gebe, und dann strampele ich ein bißchen, um ihr einen Gefallen zu tun, und sie runzelt die Stirn und sagt: »Na, na, du Racker, mach keine solchen Wellen!«

Mami und Papi haben Probleme

Ich war mit der Mami beim Doktor. Der Papi ist auch mitgekommen. Übrigens ging es dabei gar nicht um mich. Die beiden sagten, sie hätten neuerdings Probleme mit ihrem Eheleben, aber der Doktor sagte, das sollten sie nicht tragisch nehmen und kein Problem aus diesem Problem machen; dann sei es kein Problem, hat er gesagt. Er hat gesagt, der Papi sollte auf Mamis Gemütszustand Rücksicht nehmen, und nach der Geburt würde sich alles wieder bestens einpendeln. Immer, wenn ich das Wort »Geburt« höre, spitze ich die Ohren und bin auf der Hut. Ich versteh zwar nicht ganz, wovon sie reden, aber mir scheint, es gehe dabei um irgendwas, was entweder die Mami oder der Papi oder die Hebamme »gebären« sollen. Na, mir ist es egal, mich geht's nichts an. Viel lustiger war, als der Doktor den Papi fragte, ob er mich gern mal hören würde, durch ein Ding, das der Doktor »Stethoskop« nannte. Damit hat der Papi an Mamis Bauch gehorcht, und der Doktor hat gefragt, ob der Papi was hören kann, und da hat der Papi gesagt:

Du meine Güte, ja, der rast anscheinend da drin auf Rollschuhen rum!

Über mich sind Bücher geschrieben worden!

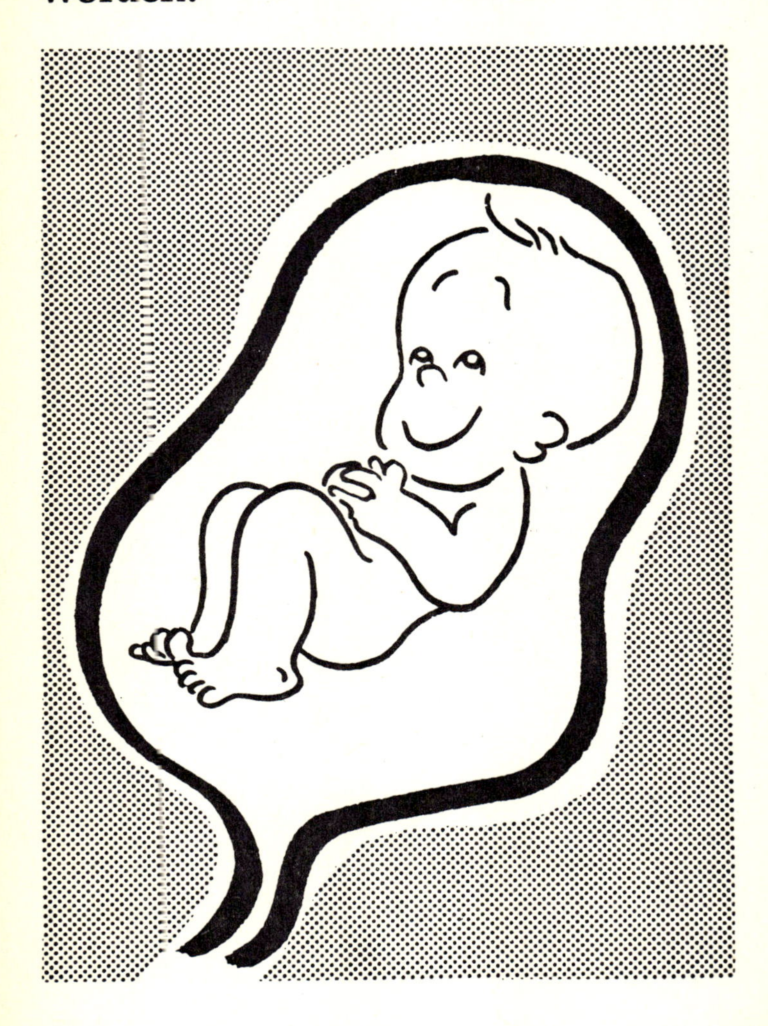

Die Mami hat angefangen, eine Unmenge Bücher über mich zu lesen. Eigentlich ein komischer Gedanke. Ich halte mich nicht für etwas Außergewöhnliches, und trotzdem sind anscheinend dicke Bücher in allen erdenklichen Sprachen über mich geschrieben worden. Ich weiß das, weil die Mami dem Papi sonderbare Dinge erzählt, die sie gelesen hat. Hin und wieder liest sie ihm auch was vor, und obwohl den Papi das, was sie vorliest, interessieren müßte, hört er nicht immer richtig zu. Vor kurzem hat die Mami gesagt, in einem ihrer Bücher stehe der Satz: »Der Prozeß der Zellteilung wird auch Zellspaltung genannt, und noch während die Eizelle durch den Eileiter wandert, spaltet sie sich anfangs in zwei, dann in vier und schließlich in acht Teile.«

Eine phantastische Art, sich fortzupflanzen, findest du nicht? hat die Mami gefragt.

Ja, hat der Papi gesagt, ich habe immer geglaubt, daß nur Atome sich so spalten lassen, aber du weißt ja hoffentlich, was du tust.

Darf ich überhaupt hier sein?

Die Mami ist doch wieder zu dieser Hebamme gegangen! Ich habe mich versteckt und ihr den Rücken gekehrt, damit die blöde Hebamme nicht merkt, daß ich auch mitgekommen bin. Zum Glück sprachen die zwei hauptsächlich von Atemübungen, mit denen die Mami jetzt anfangen muß, denn wenn sie diesen Teil der Prozedur beherrschen lernt, wird ihr das sehr nützen. Sagt die Hebamme. Sie muß Brustatmung, Bauchatmung und Hecheln üben; die Hebamme hat ihr gezeigt, wie sie es machen muß. Die Hechelei erscheint mir reichlich irre. Die Mami muß sich mit angezogenen Knien auf den Rücken legen und hecheln wie ein Hund, der zu schnell hinter Nachbars Katze hergejagt ist. Sagt die Hebamme. Dann hat die Mami gehechelt und dieses Hecheln hatte eine merkwürdige Wirkung auf mich: Mir wurde beklommen, und ich wollte raus. Auf dem Heimweg habe ich mich dann gewundert, daß die Mami alles tut, was ihr so ulkige Leute sagen.

Mmh . . ., lutschen macht Spaß!

Die Mutter von meiner Mami, meine Großmutter, hat heute darüber gesprochen, wie sonderbar doch die Vorstellung ist, daß ich im Bauch meiner Mami liege und eben jetzt an den Fingern lutsche. An den Fingern lutschen? Auf den Gedanken wäre ich nie gekommen. Ich lag nur so da und dachte an nichts Besonderes. Aber seit die Mutter von der Mami, meine Großmutter, das vom Fingerlutschen gesagt hat, na ja, da habe ich es mal versucht, nur um festzustellen, ob ich's kann. Aber ich kam nicht damit zurecht, bis ich meinen Daumen erwischte. Mit dem ging es bestens. So ein Daumen ist wie gemacht zum Lutschen. Die Mutter von der Mami, meine Großmutter, hat gesagt, manche Kinder im Schoß der Mutter lutschen so viel, daß sie eine Hornhaut am Daumen kriegen. Ich habe genau hingeschaut, ich habe noch keine Hornhaut. Vermutlich sollte ich öfter lutschen. Aber die Mami scheint kein bißchen stolz darauf zu sein, daß ich an den Fingern lutschen kann.

Ob man sich das angewöhnen sollte?

Ich mache zu viel Hallo!

In letzter Zeit habe ich so herumgewirtschaftet, daß die Mami gemeint hat, ich sei Zwillinge. Ein einzelnes Kind könne nicht derart viel herumwursteln, meint sie. Jedesmal, wenn die Mami von Zwillingen spricht, höre ich den Papi unruhig werden, weil, wie er sagt, Zwillinge ein teurer Spaß sind. Dann sagt die Mami: auf 85 Schwangerschaften kommt nur eine Zwillingsgeburt. Und auf 7225 Schwangerschaften nur einmal Drillinge, und auf 614125 Schwangerschaften nur einmal Vierlinge. Aber dann hat sie erwähnt, sie habe gerade von einer Pygmäenfrau in Afrika gelesen, die hat Siebenlinge zur Welt gebracht. Wenn sie so was erzählt, klingt sie recht ängstlich. Aber der Papi hört gar nicht richtig hin bei so was, und ernst nehmen tut er es erst recht nicht.

Eine Pygmäenfrau? Siebenlinge? hat er nur gesagt. Das werden zwangsläufig Zwerge. So einer braucht eine Leiter, wenn er Erdbeeren pflücken will.

Jetzt hat Mami eine Wiege gekauft!

So! Jetzt haben Mami und Papi mir eine Wiege gekauft. Sie haben eine Menge Wiegen besichtigt. Der Papi wollte eine kaufen, die Moseskörbchen heißt, aber die war der Mami zu einfach. Dann haben sie sich eine hölzerne Wiege und ein Tragbettchen angesehen, aber die Mami drängelte immer zu der Ecke mit der stoffbezogenen Wiege mit Falten ringsherum, die die Dame im Laden Rüschen nannte, in Pastellrosa, mit elegantem Spitzenbesatz, schwer fallend, und einem Baldachin aus rosa getupftem Musselin mit einfach tollem, dichtgekraustem weißem Volant. Die Mami war ganz versessen darauf. Die und keine andere sagte sie, von den anderen wollte sie keine. Aber der Papi war nicht ganz überzeugt, weil sie sehr teuer war. Da sagte die Mami, natürlich wäre es billiger, mich in einen Weidenkorb zu legen, wie man sie auf dem Land zum Eiereinsammeln hat. Oder auch einfach auf die Fußmatte, sagte sie. Da gab der Papi auf und kaufte die drapierte Wiege.

Aber wie sie mich da jemals reinkriegen wollen, ist mir schleierhaft.

Jetzt ist Mami im siebten Monat!

Die Mami ist im siebenten Monat, sagt sie. Sie ist sehr nervös. Ich weiß nicht, wie ich diese letzten beiden Monate überstehen soll, sagt sie. Ich bin auch ein bißchen in Sorge wegen meiner Zukunft. Mir ist nämlich etwas eingefallen. Bei meinem Einzug hat irgend etwas im Mietvertrag gestanden, wonach er nur 9 Monate gültig ist. Die Vorstellung, was alles passieren kann, wenn ich nicht irgendwie eine Verlängerung um weitere neun Monate durchsetze, beunruhigt mich ein bißchen, und wenn ich beunruhigt bin, lutsche ich besonders stark am Daumen. Das alles setzt mir so zu, daß mir immer mehr Haare auf dem Kopf wachsen.

Die Mami kann langes Stehen nicht vertragen. Im Autobus stehen nicht gerade viele Leute auf, um uns ihren Platz anzubieten. Die Mami meint, sie sieht noch nicht schwanger genug aus. Aber wenn sie nach einem Sitzplatz sucht, helfe ich ein bißchen nach. Ich habe nämlich herausgefunden, daß sie sich vorn mehr vorwölbt, wenn ich die Beine an die Wohnungswand stemme, und dann springt meistens jemand auf und sagt: Wollen Sie sich nicht lieber setzen?

So groß! Schon 40 Zentimeter!

Da kann ich nur lachen! Die Dame, die sich HEBAMME nennt, habe ich ordentlich reingelegt! Die Mami und ich waren wieder mal bei ihr. Sie ist fürchterlich gescheit, und die Mami hat großen Respekt vor ihr. Was sie auch sagt, die Mami nimmt es wörtlich. ICH zählte bisher für die Hebamme überhaupt nicht. Sie hat mich immer nur als Fötus bezeichnet, jetzt hat sie wenigstens angefangen, von mir als einem Kind zu sprechen. Das hört sich schon etwas besser an, wie? Sie hat behauptet, daß sie jetzt, wo ich bereits über 40 cm lang bin, nur ihre Hand auf Mamis Bauch zu legen braucht, dann fühlt sie, wie ich liege, welche Körperteile von mir oben und welche unten sind; aber gleichzeitig sagt sie, daß so ein Abtasten große Erfahrung erfordert, weil das Kind seine Lage immer wieder ändert. Sagt sie. Und mit sehr erfahrener Miene hat sie dann die Hände auf Mamis Bauch gelegt und ihn abgetastet. Hier ist der Kopf, hat sie gesagt. Da habe ich mich blitzschnell herumgeworfen und ihr das genaue Gegenteil entgegengestreckt.

Mami wird immer dicker

Wenn die Mami sich auf einen Stuhl setzt, kann sie nicht mehr ordentlich sitzen. Der Papi hat es schon öfters erwähnt. Er sagt, daß sie mit weit gespreizten Beinen und vorgestrecktem Bauch dasitzt wie ein fetter Pferdehändler, der sich am Stammtisch flegelt und auf sein Gläschen wartet. Die Mami verteidigt sich und sagt, daß das die einzige Sitzart ist, bei der auch für mich Platz ist. Aufstehen kann die Mami auch nicht mehr. Wenn sie sich in einem tiefen, weichen Armsessel niedergelassen hat, ist es eine Riesensache, wenn sie wieder in die Höhe will, weil sie viel zu schwer ist, und ihren Bauch nicht hochwuchten kann. Der Papi lacht dann immer und sagt, wenn du aufstehen willst, wirkst du so graziös wie ein sudanesisches Nashorn, das ein Luftschiff verschluckt hat und dann rücklings in ein Wasserloch gerutscht ist und nun verzweifelt versucht, wieder auf die Beine zu kommen. Aber er streckt ihr trotzdem eine helfende Hand hin, und dann kommt sie hoch und versucht, ihn zu packen und ihm eine Ohrfeige zu geben!

Und dann lachen wir – alle drei.

Ihr solltet Mami mal im Umstandskleid sehen!

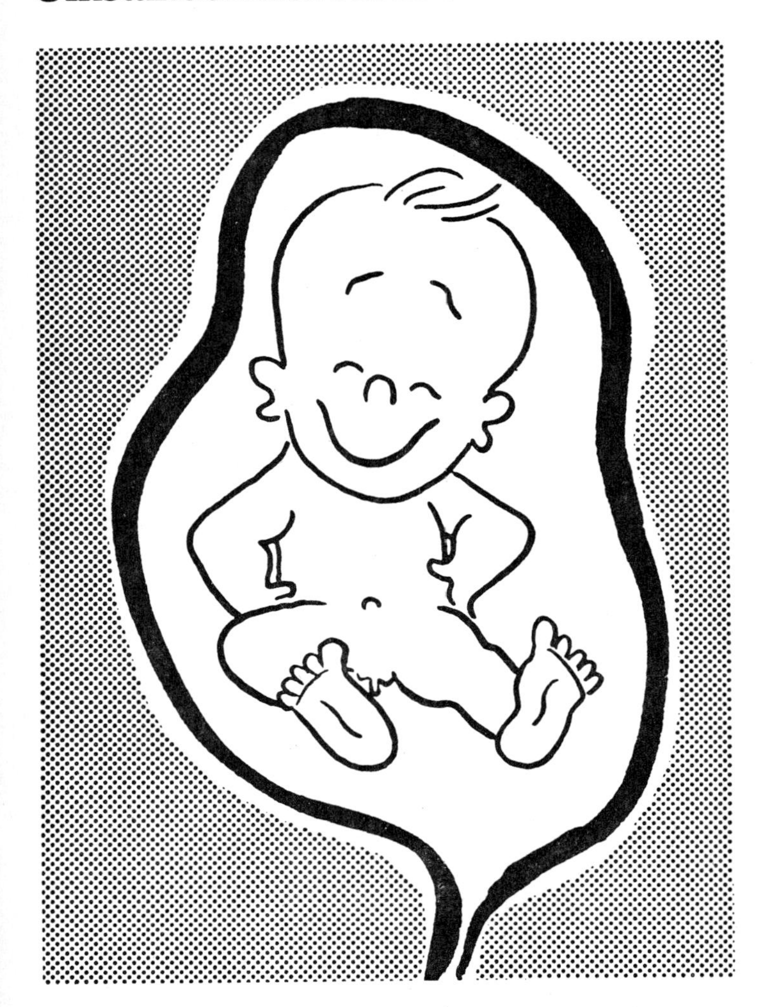

Jetzt hat sich der Papi doch glücklich wieder eine Ohrfeige eingehandelt. Aber er denkt ja auch nie nach, ehe er den Mund aufmacht. Die Mami ist in letzter Zeit ziemlich gereizt und versteht manchmal keinen Spaß mehr. Sie läuft in etwas herum, was Umstandskleidung heißt, lauter Kittel oder Trägerröcke. Und was immer sie anzieht, sie paßt nicht mehr recht hinein, behauptet sie. Es ist zu eng und unbequem und sieht vollkommen idiotisch aus, behauptet sie. Jedesmal, wenn sie sich im Spiegel sieht, erschrickt sie über ihren dicken Bauch und weint beinahe. Ich mach mich dann ihr zuliebe so klein wie möglich, aber es nützt nichts. Und gerade an dem bewußten Abend mußte sie sich fein machen und so schön wie möglich aussehen. Die beiden waren zu einem Essen eingeladen, zu dem der Papi etwas anziehen mußte, was Smoking heißt, und sie wollte nicht mitgehen.

Ich habe einfach nichts anzuziehen, sagte sie. Und der Papi stand da und hat einen Augenblick nachgedacht, und ist dann herausgeplatzt:

Wie wär's mit dem Zelt?

Papi macht Spaß!

Jetzt wird es aufregend. Die Mami hat vielerlei Sachen eingekauft, und alle sind für mich. Gestern hat sie einen speziellen Tisch gekauft, auf dem man ein Baby waschen und wickeln kann, und heute sind die Mami und ich Milchflaschen kaufen gegangen.

Als sie heimkam, füllte sie eine von den Flaschen mit warmer Milch und wollte, daß der Papi mal kostet, aber er hat abgelehnt. Dafür hätte ICH gern gekostet. Nur zum Spaß. Der Papi hat gesagt, daß seiner Meinung nach die Milchflasche nicht annähernd eine so schöne Form hat wie die Milchquelle von der Mami. Unsinn, hat die Mami gesagt.

Die Mutter von der Mami, meine Großmutter, fand den Wickeltisch zu hoch, und da hat der Papi etwas gesagt, daß ich vor Schreck die Luft anhielt.

Ein hoher Wickeltisch, liebe Schwiegermama, ist genau das Richtige. Wenn wir das Baby drauflegen und im Nebenzimmer fernsehen, hören wir besser, wenn es herunterfällt!

Papi nimmt meine Oma auf den Arm!

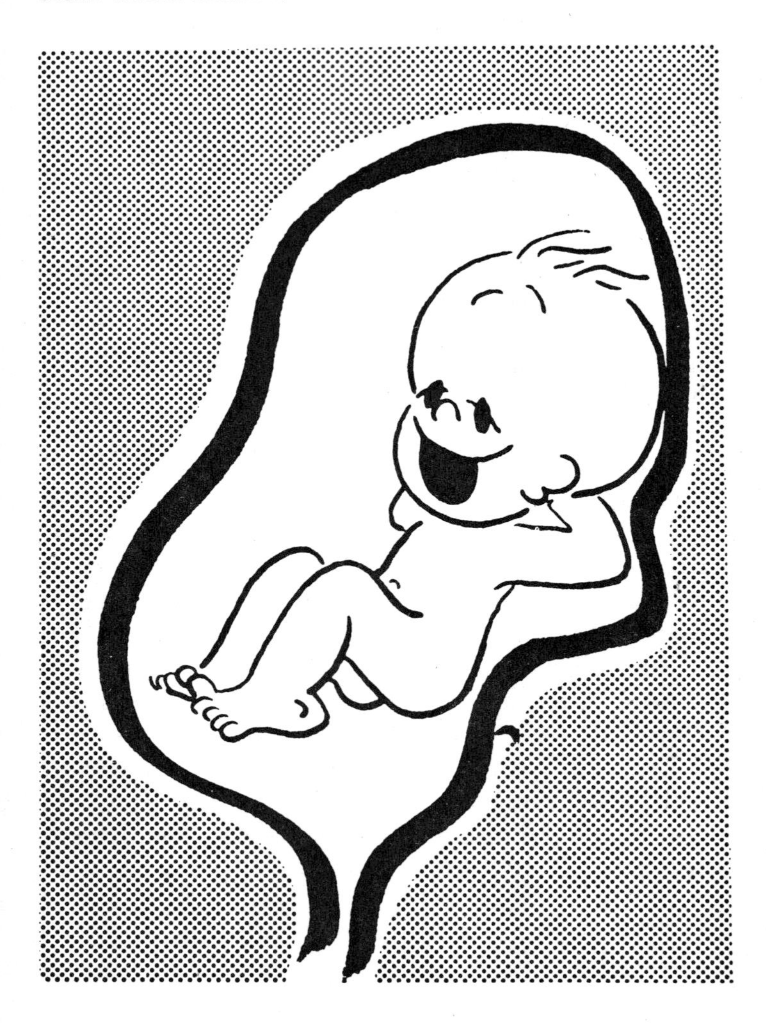

Die Mami und ich besuchen jetzt einen Säuglingspflegekurs. Ich weiß nicht, worum es dabei geht, weil ich den Unterricht meist verschlafe, statt zuzuhören. Eigentlich wollte die Mami, daß auch der Papi teilnimmt, aber er hat gesagt, er weiß alles Notwendige über Kinder, und ihm kann keiner mehr was beibringen.

Ein Kind braucht man nur am oberen Ende entsprechend feucht, am unteren entsprechend trocken zu halten, sagt er.

Und Windelnwechseln braucht man nicht zu lernen, davon hält er ohnehin nicht viel, sagt er.

Drüben in Amerika machen die Kinder die Windeln überhaupt nicht naß. Dort drüben geben die Mütter den Kindern trockenes Milchpulver und brauchen sie nur paarmal die Woche mit dem Staubsauger zu säubern.

Solche Sachen erzählt der Papi am liebsten dann, wenn die Mutter von der Mami, meine Großmutter, zuhört. Die ist nämlich dann entsetzt, und der Papi lacht. Ich habe einen ulkigen Papi.

Eines Tages würde ich ihn ganz gern kennenlernen.

Jetzt ist Mami im achten Monat!

Die Mami ist jetzt im achten Monat, sagt sie, wenn jemand fragt. Und fragen tun die Leute immer. Alle wollen wissen, wann es denn soweit ist. Mir wäre lieber, sie sprächen von etwas anderem. Ich werde jedesmal nervös und bekomme Zuckungen, wenn das zur Sprache kommt, weil ich das komische Gefühl nicht loswerde: Was auch geschieht, kann mit mir zu tun haben. Und das will ich nicht. Ich sage das ein für allemal: Mit mir brauchen die nicht zu rechnen.

Ich muß auch auf mein Gewicht achten. Sie, die Hebamme, die oberschlaue, sagt, ich habe in den letzten 6 Wochen vier Pfund zugenommen. Die Mami nimmt auch zu, und die Hebamme sagt, sie soll mal ein bißchen Kalorien zählen. Es sieht so aus, als ob ich das auch müßte, weil ich sonst demnächst keinen Platz mehr habe. Ich werde mit dem Daumenlutschen aufhören. Vielleicht ist der voller Kalorien, und ich nehme deshalb dauernd zu? Wenn ich ein paar Pfund abnähme, hätte ich auch mehr Platz.

Schade, Mami ist schlecht gelaunt!

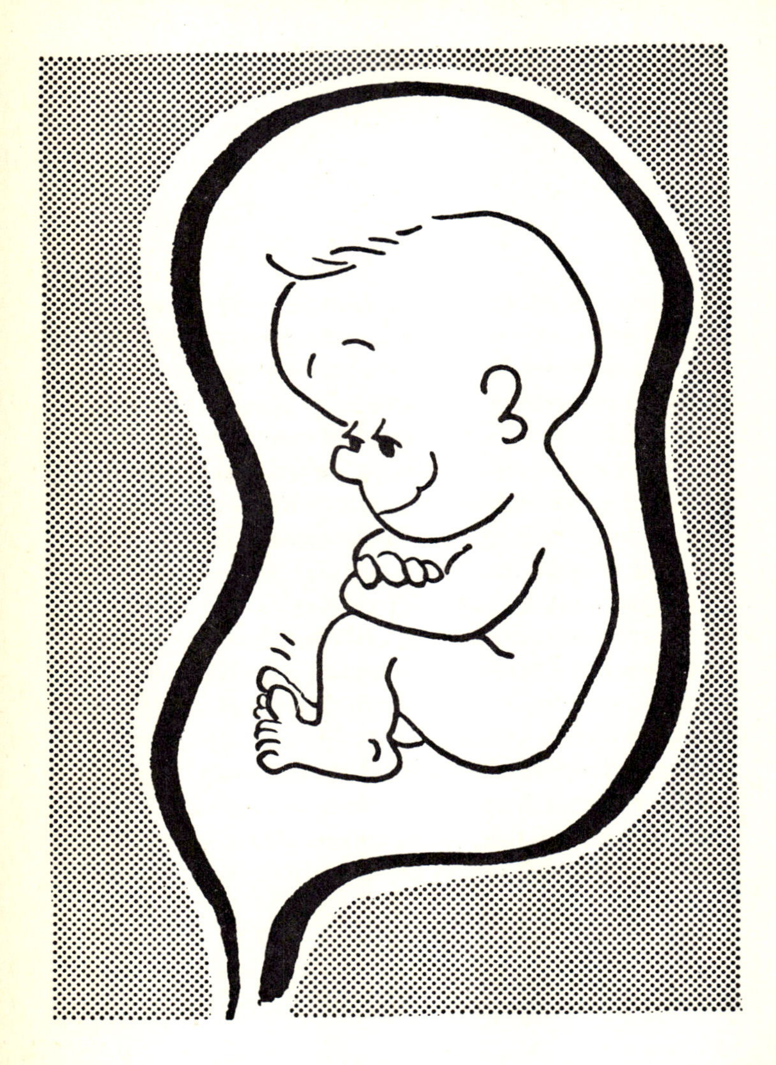

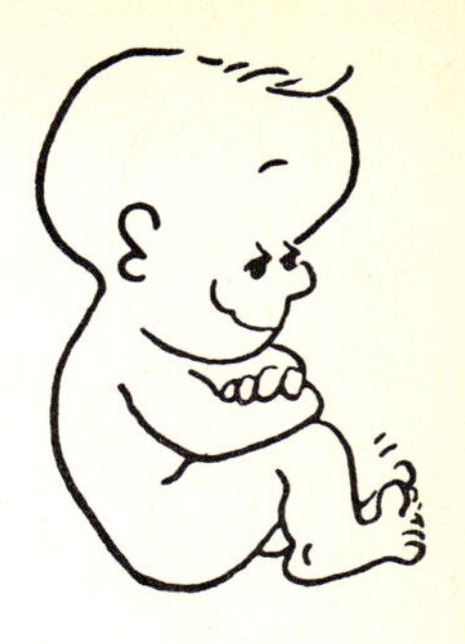

Manchmal kommt mir doch der Gedanke, daß ich mich nach was Besserem umsehen sollte. Nach einer anderen Wohnung, meine ich. Mit der Mami ist es einfach nicht mehr zum Aushalten. Was die alles zu klagen hat! Zum Beispiel kann sie ihre Schuhe nicht mehr anziehen, und wenn es keiner sieht, schuffelt sie in Papis großen Latschen durch die Wohnung und gerät bei der kleinsten Anstrengung außer Atem. Beim Herumschuffeln pustet und schnauft sie. Der Papi hat gesagt, jetzt eignet sie sich bald als Dampflok für die Eisenbahn.

Aber ich glaube, leid tut sie ihm doch, denn er legt manchmal die Arme um sie, und sie gibt ihm einen Kuß, und er sagt, egal, wie dick du wirst, ich liebe jedes Gramm von dir und ihm.

Ihr, verbessert die Mami. Und dann sagt der Papi, wenn es ein Mädchen ist, versuchen wir es nochmal. Vielen Dank, sagt die Mami. Ich möchte nicht gleich wieder zur Dampflok werden.

Jetzt ist Mami im neunten Monat!

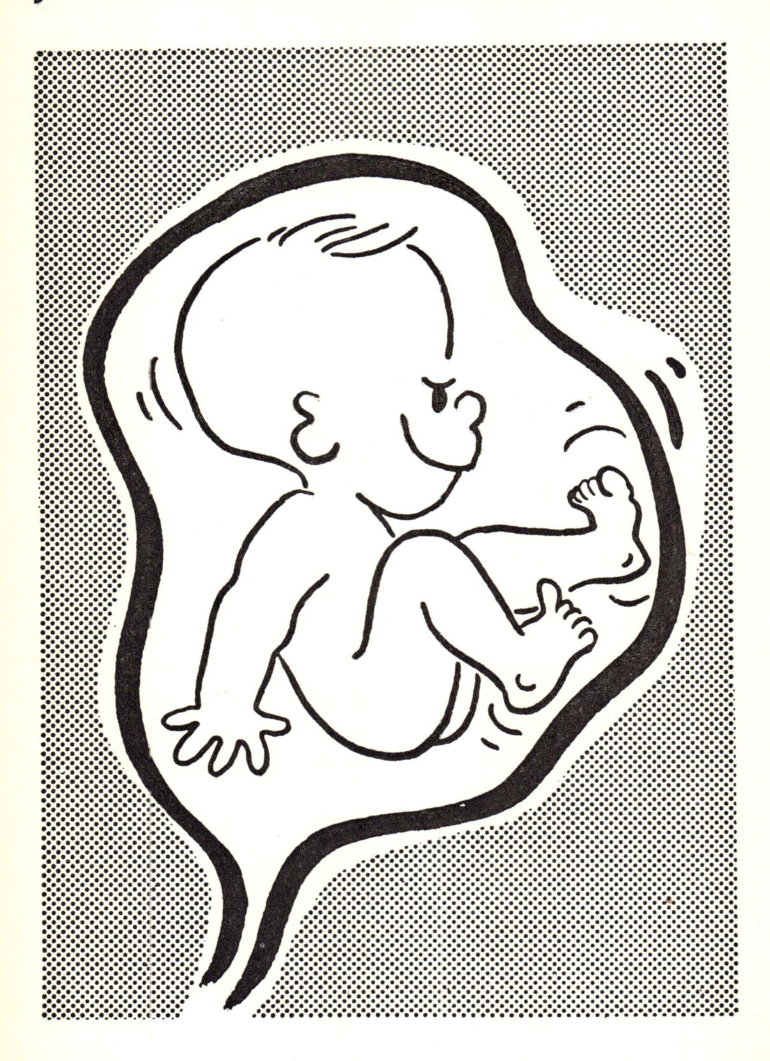

Die Mami ist jetzt im neunten Monat, sagt sie. Ich wiege sechs Billionen mal soviel wie damals, als ich in Mamis Bauch einzog. Mamis Doktor sagt, wenn ich für den Rest meines Lebens so weiterwachse, wie ich während des vergangenen Monats gewachsen bin, wiege ich an meinem 10. Geburtstag über 635 Kilo. Der Papi sagt, daß ich aussehen werde wie ein Hefekloß, aber Mamis Doktor sagt, das regelt sich von ganz allein, und während der letzten Woche vor der Geburt wachse ich überhaupt nicht mehr, sagt er. Mir kann das nur recht sein, denn hier drin wird es eng und enger. Ich bin jetzt so stark, daß wenn die Mami mit einem Wollknäuel oder einem Stopfkorb auf dem Schoß dasitzt, ich den ganzen Kram auf den Boden stoßen kann. Und wenn die Mami hundertmal droht, sie erzählt es dem Papi, sobald er heimkommt!

Ich will aber nicht geboren werden!

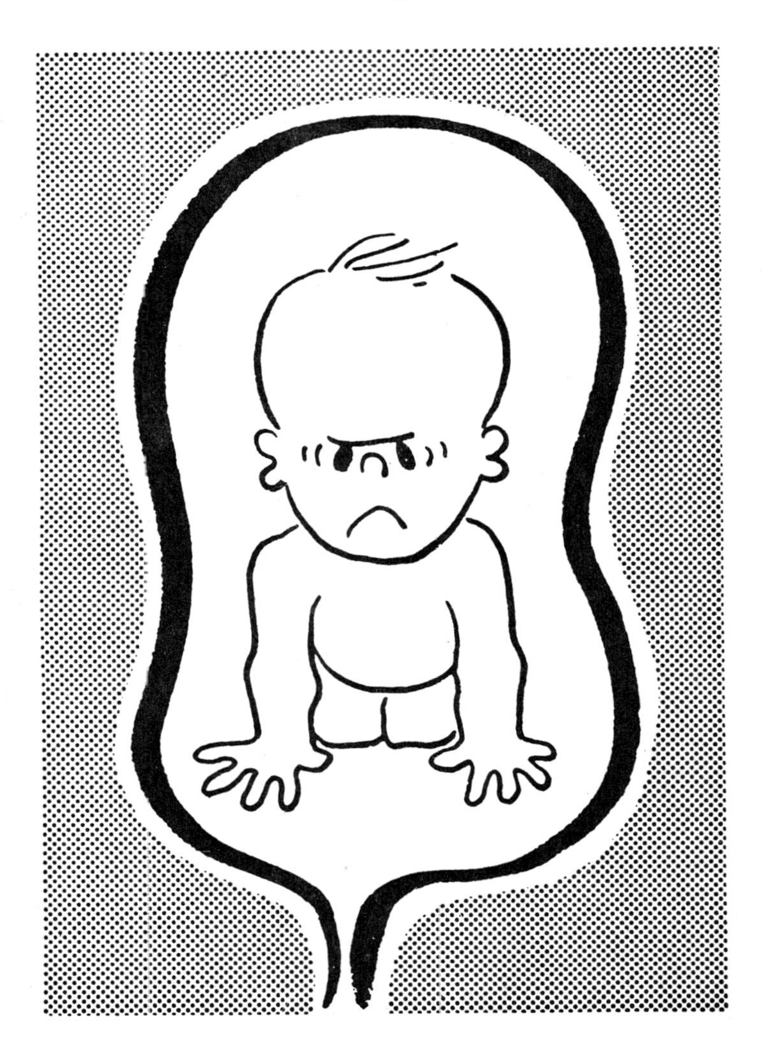

Ich soll geboren werden. Die beiden sprechen von nichts anderem mehr. Wie das sein wird, mich zur Welt zu bringen, weiß ich nicht, aber Mamis Doktor meint, alles wird glattgehen. Vorläufig können wir nichts anderes tun, als auf die Wehen warten, sagt er. Außerdem sagt er, daß ich einen Schock kriegen werde, wenn ich in eine Temperatur hinausmuß, die 17 Grad niedriger ist als die Temperatur in meiner kleinen Wohnung; daß ich Angstzustände bekommen werde, wenn ich das erste Mal versuche zu atmen, und daß mein erster Reflexschrei die Luftwege öffnen hilft. Sagt er. Und dann sagt er noch, daß ich anfangs noch ohne Tränen weinen muß, daß ich auch nicht besonders gut höre, weil meine Ohren voller Schleim sind. Zum Schluß hat er die Mami noch gewarnt, sie solle ja nicht meinen, daß ich schiele, selbst wenn meine Augen in den ersten paar Tagen nach der Geburt hilflos herumrollen.

Na danke, das Gehörte reicht mir! Vergessen wir das Ganze. Ich habe nicht vor, geboren zu werden. Ich wohne hier, ich bin hier entstanden, ich bin hier herangewachsen, ich BLEIBE HIER.

Und damit basta!

Ich bleibe, wo ich bin!

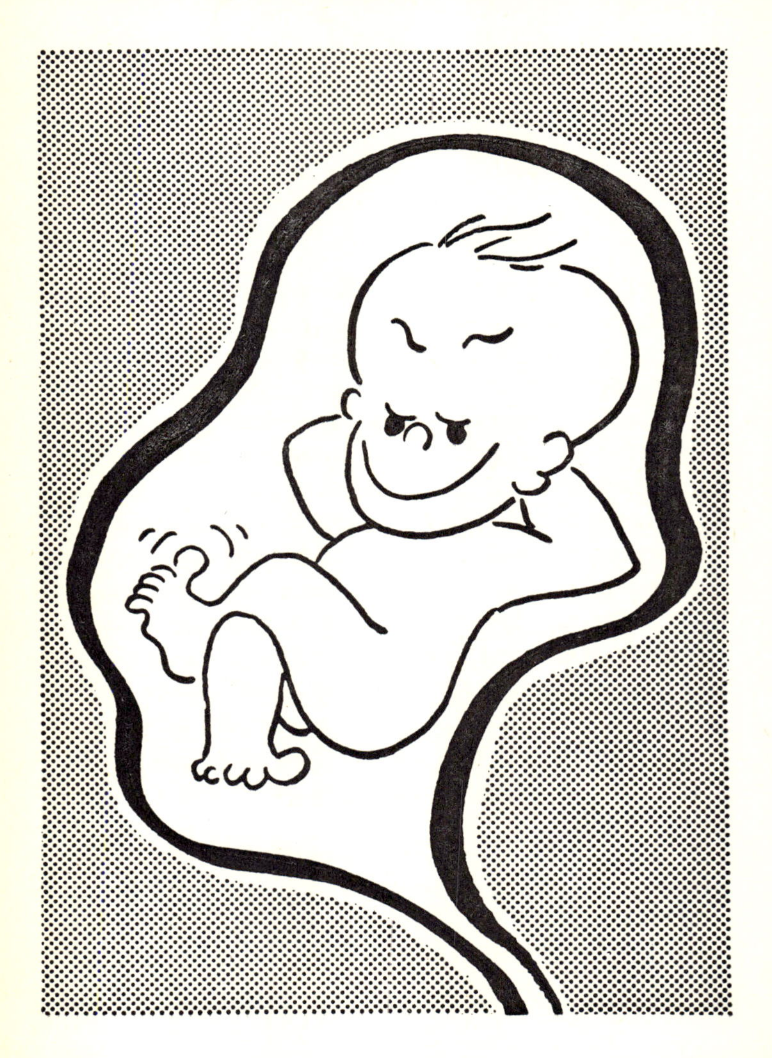

Die Mami und ich haben wieder die Dame besucht, die HEBAMME heißt. Jetzt ist es sonnenklar, daß sie nicht zu mir hält, den Verdacht hatte ich ja schon lange. Die will nur eins: mich irgendwie zu fassen kriegen; aber solange ich bei der Mami bleibe, wird ihr das nicht gelingen. Da kann sie noch so schlaue Pläne ausklügeln. Die Geburt, von der so viel die Rede ist, zerfällt in zwei Phasen: die erste heißt Eröffnungsphase, die zweite Austreibungsphase. Schon das Wort klingt reichlich brutal, finde ich, und ich lege keinen Wert darauf, dabeizusein, wenn es soweit ist. Ich habe noch eine dritte Phase dazu erfunden, die ich einleiten werde, wenn die mir krumme Dinger drehen. Ich nenne sie Widerstandsphase. Wenn die mich erwischen wollen, versteck ich mich. Dann können die Kuckuck! Kuckuck! schreien, soviel sie wollen. Mich kriegen sie nicht zu sehen.

Papis Zustand macht uns Sorgen!

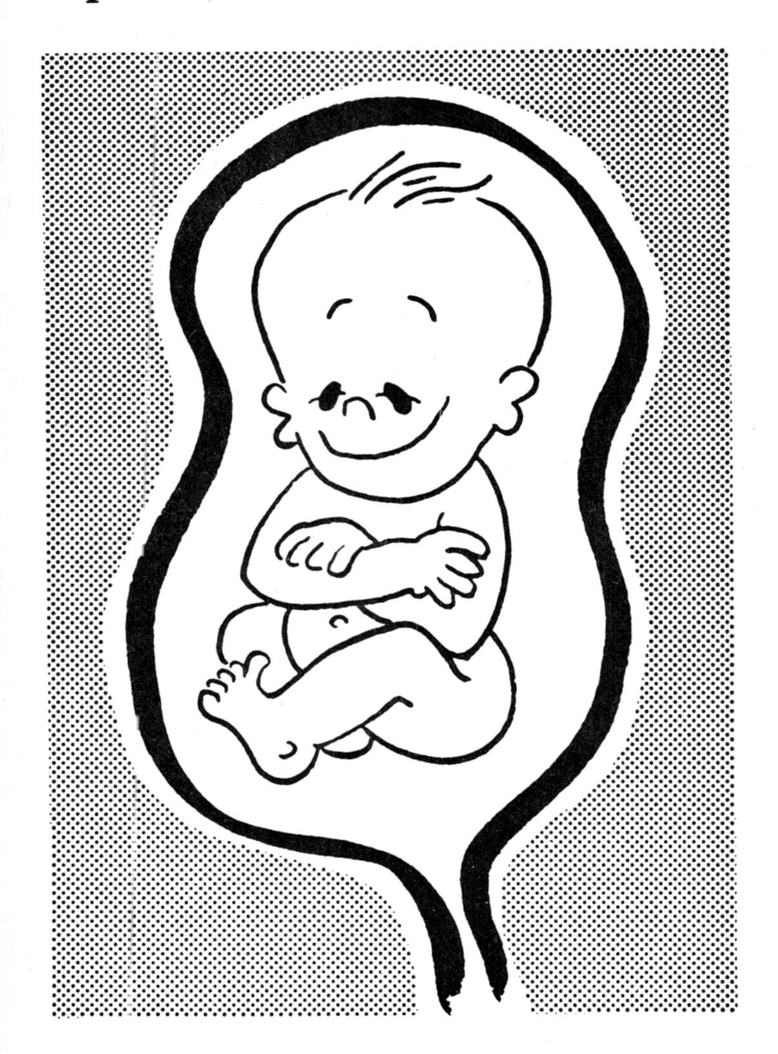

Der Papi ist sehr nervös, ob die Mami und er und ich wohl rechtzeitig in die Klinik kommen werden. Die Hebamme hat gesagt, das sei eine Frage der Intuition. Sie hat gesagt, sobald die Wehen in regelmäßigen Abständen von 5 bis 10 Minuten wiederkehren, wäre es vernünftig, loszufahren. Die Mami hat gemeint, jetzt dauert es nicht mehr lange. Der Papi hat schon Zustände. Er sitzt verkrampft neben der Tür und macht nicht einmal mehr Witze. Die Mami redet ihm zu, ruhig und entspannt zu sein. Außerdem sagt sie, daß er der einzige Mensch in ihrem Bekanntenkreis ist, der zwei Zigaretten gleichzeitig rauchen kann, während die dritte im Aschenbecher verqualmt. Sie fordert ihn so oft auf, er soll sich beruhigen, daß ich glaube, sie macht sich Sorgen um ihn. Du hast gut reden, murrt er, du wirst ja auch nicht zum ersten Mal Vater.

Wie soll das bloß enden?

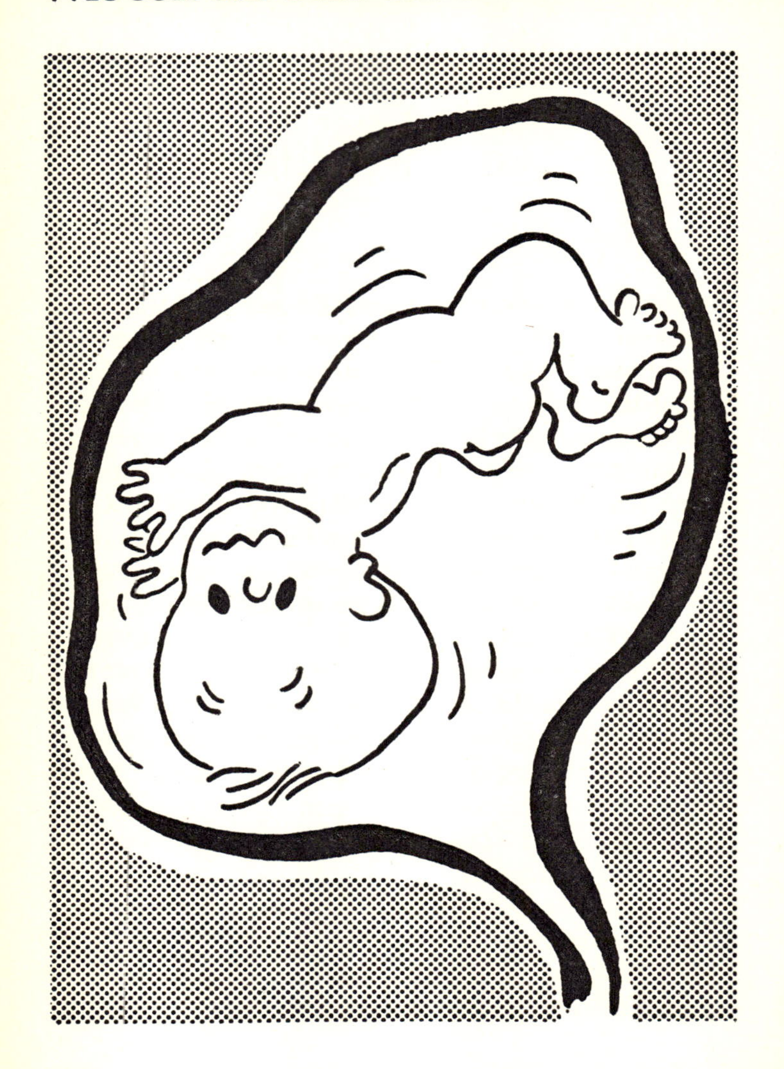

Allmählich werde auch ich ein bißchen nervös. Die Mami fängt an, sich des öfteren innerlich zusammenzuziehen. Eigentlich ist es gar nicht mehr recht gemütlich hier. Die Mami hat schon Verschiedenes eingepackt, was sie ins Entbindungsheim mitnehmen will, und der Papi wartet angstvoll – jeden Moment bereit, hinauszustürzen und den Wagen anzulassen. Eben jetzt hat die Mami eine ganze Weile mit weit gespreizten Beinen dagestanden und sich am Tisch festgehalten und dann gesagt: Wir sollten vielleicht doch lieber fahren. Der Papi konnte die Wagenschlüssel nirgends finden und war ganz durchgedreht, aber schließlich hat er sie dann doch gefunden, ist die Treppe hinuntergerast, um den Wagen aus der Garage zu fahren. Dann kam er wieder hereingestürzt, um die Sachen zu holen, die die Mami mitnehmen muß und hat sie in den Kofferraum geschmissen. Keine Sekunde später ist er schon wie ein geölter Blitz die Straße hinuntergefahren.

So warte doch auf uns! hat die Mami ihm nachgerufen. Zum Glück hat eine Nachbarin ihn aufgehalten, damit meine Mami und ich mitfahren konnten. Sonst hätte ja die Entbindung ohne uns angefangen.

Ich habe die Hebamme reingelegt!

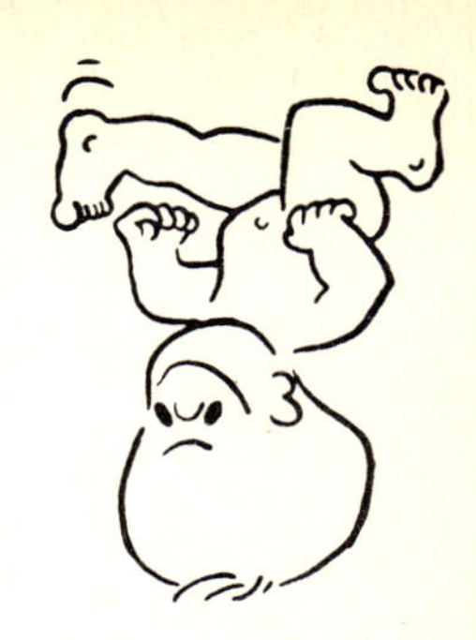

Die Mami und ich sind jetzt im Entbindungsheim eingetroffen, und man hat der Mami den Puls gefühlt und Temperatur und Blutdruck und was weiß ich noch alles gemessen. Ich war keinen Moment überrascht, die Stimme der Hebamme zu hören. Sie hat sich ziemlich blamiert, weil sie was über den Geburtsweg quasselte, aber plötzlich merkte ich, daß die versuchen wollten, zu mir reinzukommen und mich rauszujagen. Da meine kleine Wohnung nur den einen Ausgang hat, habe ich das einzig Mögliche getan: Ich habe den Zugang verstellt. Ich habe mich herumgeworfen und blockiere jetzt den gesamten Ausgang mit meinem großen Kopf! Der Geburtshelfer hat an der Mami ihrem Bauch mit einem Stethoskop gehorcht und draufgedrückt, um festzustellen, ob ich auch richtig liege, dann hat er gesagt, es könnte nicht besser sein! Wenn der wüßte, daß ich die alle reingelegt habe, indem ich mich auf den Kopf stelle, damit sie mich nicht greifen können.

Ich bin nicht ganz so dumm, wie die glauben!

Hätte ich mich bloß nicht herumgedreht!

Allmählich wird mir ganz schwindlig. Meine Lage ist äußerst unbequem, aber was tut man nicht alles, um bei seiner einzigen Mami zu bleiben.

Die Mami fängt an, sehr stark zu pressen, und ich wollte, sie ließe das bleiben, weil mein Kopf das nicht aushält. In den Wehenpausen kann ich nicht genügend Kräfte sammeln, um ihr ordentlich Widerstand zu leisten. Die Mami hat einen Apparat, aus dem kann sie ein paar tiefe Atemzüge tun, wenn eine neue Wehe anfängt. Was sie da einatmet, heißt zwar Lachgas, aber zum Lachen kann ich an dem ganzen Tumult wirklich nichts finden. Ich kann nicht mehr klar denken, und für mich fühlt es sich an, als hätte ich einen Trichter überm Kopf, durch den die Mami mich drücken will. Hör doch um Gottes willen auf, Mami, du kannst dir doch denken, daß das nichts bringt! Hätte ich mich doch bloß nicht herumgedreht, dann könnte ich mich jetzt mit gespreizten Beinen gegen den Ausgang stemmen!

Sie geben mir keine Chance!

Nun hört mal zu, ihr seid wohl alle verrückt geworden, wie? Diese Geschichte ist doch Wahnsinn. Die Mami preßt und preßt, und dabei spannt sie die Bauchmuskeln an, so daß ich mich nicht anklammern kann. Die Mami kann sich an solchen Griffen an ihrem Bett festhalten, aber ich habe gar nichts. Ich will hierbleiben, im Bauch von der Mami, wo ich immer gewesen bin; ich will nirgends anders hin. Autsch, du meine Güte, mein armer Kopf, wenn ihr mich nicht bald in Ruhe laßt, schreie ich! Gebt doch acht auf meinen Kopf, das geht doch einfach nicht! Man kann ja auch kein Hemd ausziehen, indem man den Kopf durchs Knopfloch steckt! Autsch, mein Hals, autsch, meine Stirn, autsch, meine Nase, autsch, mein Mund, autsch, mein Kinn, es gehört doch polizeilich verboten, Unschuldige so zu behandeln, ich werde mich bei meinem Landtagsabgeordneten beklagen, ich werde mich bei der Kommission für Menschenrechte beklagen, ich werde mich – he, mein Kopf ist durchgerutscht, mein Kopf ist geboren. Puh, war das vielleicht ein Ding –

Was macht Ihr denn da?

Laßt mich los. Laßt meinen Kopf los, ich will wieder zurück, laßt mich wieder rein ... nein, laßt mich raus, laßt mich weg von hier. So gebt doch auf meine Schulter acht, gebt doch acht auf meinen Körper, gebt doch acht auf MICH! Als unabhängiger Mensch verlange ich Gehör, sonst schreie ich ...

Wääääh, Wääääh, Wääääh ...

Hallo, Mami . . . Hallo, Papi . . . hallo, allerseits . . . da bin ich!

Willy Breinholst

Hallo Mama - Hallo Papa!

Ins Deutsche übertragen
von Dieter J. Jörgensen
Illustrationen: Mogens Remo

Vorwort

Hallo, Mama . . . hallo, Papa . . . hallo, ihr alle! Jetzt paßt mal auf, wie ich ein *Vorwort* mache! Ihr glaubt wohl, daß ich bloß ein ganz gewöhnliches, in Windeln verpacktes Wesen bin, das oben einen ewig dudelnden Störsender hat und unten einen völligen Mangel an Rücksichtnahme! Ich bin aber in Wirklichkeit viel mehr als das. Man sieht es mir vielleicht nicht an, aber es sind solche kleinen Größen wie ich, die in einigen Jahren vollauf damit beschäftigt sein werden, die Welt zu verändern, Brücken zu bauen, in großen Raumlaboratorien das Universum zu erforschen, schöne Musik zu spielen und große, dikke Bücher zu schreiben. Ihr solltet also gut auf mich aufpassen und mir eine gesunde und gute und vernünftige Erziehung geben, damit ich nicht eins von den Kindern werde, mit denen ich nicht spielen darf. Vielleicht denkt ihr manchmal: Was mag er jetzt wohl denken, der kleine Kerl? Ich werd's euch sagen: ich denke genau das, was in diesem kleinen Büchlein steht . . . und viel, viel mehr.

Das hättet ihr wohl nicht gedacht!

Wo komme ich eigentlich her? Ich meine, ganz von Anfang an?

Wo komme ich her?

Niemand weiß so richtig, woher ich komme. Selbst habe ich noch nicht darüber nachgedacht, denn ich war immer der Meinung, schon immer hier gewesen zu sein. Aber das bin ich wohl doch nicht, denn heute zupfte mein großer Bruder meine Mutti an der Schürze: »Mutti«, sagte er, »im Kindergarten fragte das Fräulein heute, ob jemand von uns weiß, woher so kleine Kerle wie Brüderchen kommen. Und dann sagten einige, daß sie von ganz weit her kommen, ganz unten aus Ägypten, und daß sie den ganzen Weg hierher mit dem Storch fliegen. Und Beate sagte, daß man bloß in der Apotheke eine große Tüte Kindersamen zu kaufen braucht. Aber ich hielt zu denen, die sagten, daß wir sie unten in Ägypten kaufen.«

»Aber hör mal«, sagte meine Mutti, »du weißt doch, woher Brüderchen kommt. Oder?«

»Doch, natürlich.«

»Aber warum hast du es dann nicht gesagt?«

»Ich wollte doch nicht zugeben, daß Brüderchen selbstgemacht ist!«

Bin ich jetzt hübsch genug, um mich in voller Größe der Säuglingsschwester zu zeigen?

Ich wiege 56 Zentimeter

Ab und zu kommt hier eine Dame und begrüßt mich freundlich. Sie benimmt sich jedoch sehr, sehr merkwürdig. Ohne mich um Erlaubnis zu fragen, hebt sie mich auf eine Waage, und sie mißt auch, wie lang ich bin. Das mag ich überhaupt nicht. Und dann schreie ich. Sie kann nicht verstehen, daß ich so lang bin, wie ich bin. Als ob das so merkwürdig wäre. Babys haben doch wohl die Länge, die sie haben müssen? Auch sonst hat sie überhaupt keine Ahnung. Ich möchte wissen, was sie dazu sagen würde, wenn ich ihr den Po nach oben drehen und sie messen und wiegen würde. Über alle Ecken und Kanten! Sie bespricht auch mit meiner Mutti, was ich essen soll. Statt allem, was gut schmeckt, soll ich nur so etwas essen, was gesund ist. Immer soll ich hübsch und sauber sein und 117mal gewickelt werden, bevor sie kommt. Heute fragte sie meinen großen Bruder, ob er mich mag. Er wußte es nicht.

»Möchtest du ihn lieber gegen ein Schwesterchen tauschen?« fragte sie dann.

»Bist du verrückt?« sagte er, »das kann man doch nicht! Wir haben ihn doch schon so lange gebraucht!«

Ich habe gerade eine frische Windel gekriegt. Meine Mutti sagt, die Windelindustrie könnte von mir allein leben!

Windeln sind doof

Ich will jetzt nicht über etwas reden, wovon ich nichts verstehe, denn die Fähigkeiten habe ich wohl doch nicht, aber aus meiner Sicht, entschuldigt, daß ich es so geradeheraus sage . . . aus meiner Sicht geht enorm viel Zeit dadurch verloren, daß sie mir immer den Po nach oben drehen, wenn ich auf meinem Wickeltisch liege. Es sind diese doofen Windeln, die soviel Zeit in Anspruch nehmen. Es dauert immer eine Ewigkeit. Es ist ja ganz in Ordnung, daß sie mir den Po abwischen, wenn er naß ist. Aber es müßte ein anderes System geben als das mit den Windeln. Und mein Vati denkt genauso. Gestern abend, als er sich mit einem großen Haufen in meiner Windel und an meinem Po abquälte, und auch der Rücken gut eingeschmiert war, war er kurz davor, die Sache aufzugeben, und dann rief er meine Mutti zu Hilfe. Und dann sagte er etwas ganz Richtiges:

»Es ist ja gut und schön, daß man Menschen zum Mond schicken kann, aber dafür gebe ich keinen Pfennig, bevor man nicht ein Baby erfindet, das absolut nichts anderes produziert als saubere, antiseptische Windeln!«

Sieht man mir nicht an, daß ich ein Brustkind bin?

Ich bin ein Brustkind

Mir geht's gut. Ich bin ein Brustkind. Mein Vati sagt, daß es für ein Baby das natürlichste ist, sich die Milch direkt von der Quelle zu holen. »Muttermilch«, sagt er, »ist die einzig richtige Nahrung für so ein kleines Kerlchen.« Kuhmilch läßt sich überhaupt nicht mit Muttermilch vergleichen ... der Verbraucher von Muttermilch braucht nicht im Laden zu warten, er muß nicht bezahlen, wenn nach dem Essen der Tisch abgeräumt wird, es gibt keine Probleme mit dem Aufbewahren und dem Wärmen, und nicht zuletzt hat auch die Verpackung der Muttermilch eine viel hübschere Form als so eine langweilige Flasche mit DIN-Norm.

»Ach, hör doch auf«, sagt Mutti immer, wenn Vati so richtig loslegt mit allen Vorteilen. Er verfolgt immer sehr interessiert, wie ich esse. Ich glaube schon, daß er manchmal darüber nachdenkt, wie es eigentlich ist, wenn man auf diese Art sein Essen kriegt. Als ich vorhin gerade am Essen war, sagte er plötzlich:

»Eigentlich müßte es sehr schön sein, sich jedesmal in eine weiche Brust kuscheln zu können, wenn man selbst einen zur Brust nehmen möchte.«

Ich habe überhaupt keine Lust zum Mittagsschlaf . . . jedenfalls nicht heute. Vielleicht ja morgen.

Mein Mittagsschlaf

Ich habe eine schlechte Phase. Es geht um meinen Mittagsschlaf, der nicht funktioniert. Aber das liegt daran, daß ich nicht weiß, was ich machen soll, wenn sie mich in den Kinderwagen packen und in den Garten schieben. Ich verliere dauernd meinen Schnuller. Und dann schreie ich. Das funktioniert. Dann kommen sie gesprungen und geben mir meinen Schnuller wieder. Manchmal kann ich ihn bis zu siebzehnmal ausspucken. Meine Mutti hat es gezählt. Ich kann sie zu vielem kriegen, wenn ich so daliege und mich langweile und ein bißchen weine. Zum Beispiel schaukeln sie den Kinderwagen und fahren ihn hin und her, hin und her! Das kann ganz gemütlich sein, obwohl ich manchmal darüber einschlafe. Manchmal geben sie es auch auf und nehmen mich wieder auf den Arm, ohne daß ich geschlafen habe. Aber wenn sie das tun, dann wird der Tag sehr anstrengend. Dann gehe ich ihnen auf die Nerven, sagen sie. Na und? Sie brauchen doch bloß dafür zu sorgen, daß ich nicht quengelig bin. Wie der Tag heute aussehen wird, weiß ich noch nicht. Gerade hat meine Mutti einen vorsichtigen Blick zu mir in den Kinderwagen geworfen. Bloß einen klitzekleinen, blitzschnellen Blick.

»Psst, ich glaube, er schläft.«

Dann schleicht sie hinüber zur Küchentür. Aber ich spucke den Schnuller nicht aus und fange nicht an zu weinen, bevor sie ganz drinnen ist.

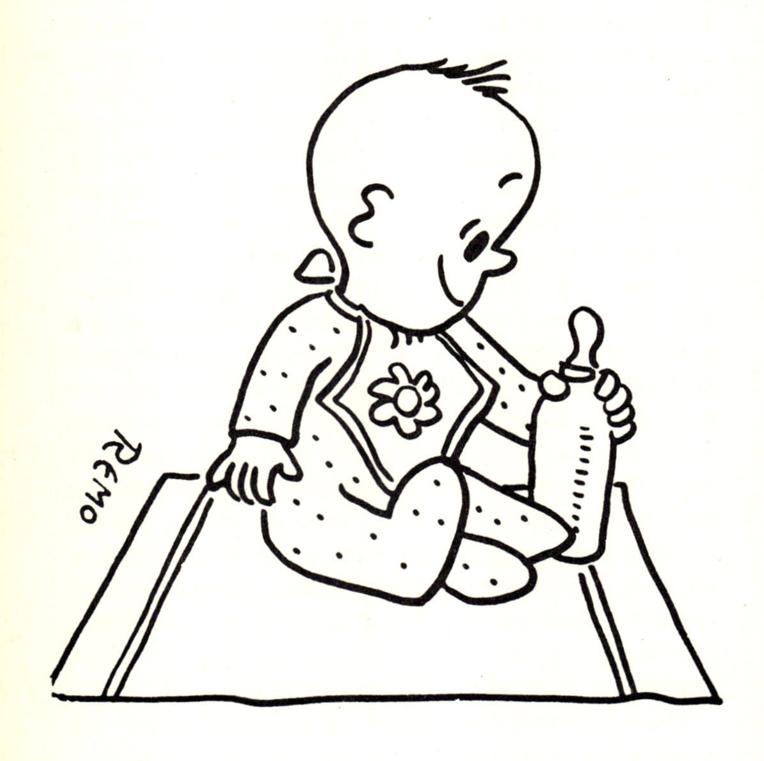

Unter all den Dingen, die Essen genannt werden, ist Milch immer noch die beste Erfindung.

Ich greife zur Flasche

Es fing damit an, daß meine Mutti für mich nicht mehr genug zu essen hatte. Sie sorgte nicht dafür, daß richtig nachgefüllt wurde. Ich lag da und habe gesaugt und gesaugt, aber es kam nichts. Und dann kriegte ich die Flasche. Das ganze Ham-Ham strömte dann auch gleich aus dem Schnuller auf der Flasche, aber irgendwie fehlte da etwas Weiches, in das ich beim Essen gemütlich meinen Kopf legen konnte. So eine Flasche ist ja nicht besonders weich. Ich würde sie eher hart nennen. Aber man kann sich im Leben ja an vieles gewöhnen. Eigentlich *habe* ich mich jetzt daran gewöhnt. Aber ich muß noch erzählen, daß ich einen neuen Milchlieferanten habe. Jedenfalls nachts. Wenn ich hungrig bin und weine, dann steht jetzt mein Vati auf und liefert die Ware. Er stapft dann todmüde in die Küche, hantiert dort herum und kommt dann todmüde mit der warmen Flasche mit dem ganzen Ham-Ham zu mir herein. Während ich dann esse und es mir eigentlich ganz gut geht, sitzt er auf einem Hocker und schwankt mit geschlossenen Augen hin und her, er wirkt dabei sehr wenig unterhaltsam. Ich will ja nichts Schlechtes über meinen neuen nächtlichen Milchlieferanten sagen, aber er ist schon etwas schlaff. Eines Nachts war er so schlaff, daß er vom Hocker fiel.

»Ah-ooooohhh!« sagte ich.

Das bedeutet Hoppla!

Meine Mutti wäscht mich viel zuviel ... wenn sie mich bloß nicht ganz wegwäscht!

Wann bin ich sauber genug?

Ab und zu will ich gerne meinem großen Bruder recht geben, daß es Quatsch ist, sich immer waschen zu müssen. Mutti und Vati waschen auch ewig und immer an mir herum. Wenn sie mich bloß nicht ganz wegwaschen. Ich habe bemerkt, daß sie auch die Seife waschen, und die wird jedesmal kleiner und kleiner. Daher ist es doch wohl nicht verwunderlich, daß man bei dieser ganzen Wascherei nervös wird. Mein großer Bruder will nie hereinkommen und sich waschen, wenn meine Mutti ihn ruft. »Wir spielen gerade so gut«, sagt er immer, »und wir brauchen uns auch gar nicht zu waschen. Wir können einander an den Stimmen erkennen!«

Mein großer Bruder macht auch nie mit den Händen die Türen schmutzig. Er tritt sie einfach auf. Als er vorhin gerade aus dem Badezimmer kam, fragte meine Mutti ihn, woher denn seine Hände so schmutzig geworden seien. »Das wurden sie dadurch«, sagte er, »daß ich mir das Gesicht gewaschen habe.«

Gestern war die Säuglingsschwester wieder hier, um zu messen, ob ich seit dem letztenmal länger oder kürzer geworden war. Sie fragte meinen großer Bruder, der gerade draußen im Matsch gespielt hatte, wie alt er ist.

»Vier Jahre«, sagte er.

»Man sollte doch nicht glauben«, sagte sie, »daß man in nur vier Jahren so schmutzig werden kann!«

Ich habe eben meine Milch viel zu schnell getrunken . . . und mir geht es . . . HICKS . . . überhaupt nicht gut!

Puh, mir ist schlecht

Puh, mir geht es schlecht. O weh, wie geht's mir schlecht. Obwohl ich gerade schön meine Milch getrunken habe. Alles. Mit einem riesengroßen Schluck leerte ich die ganze Flasche, die mein Vati mir gab. Er leerte auch selbst eine Flasche, da war aber etwas anderes drin. »Probst, Alter«, sagte er, hob seine Flasche an den Mund und ließ den ganzen Inhalt in seinen Hals laufen. Und dann freuten wir uns beide. Es war sehr schön, mit Vati einen zu heben, aber, oohh, jetzt ist mir schlecht. Es muß am Essen oder Trinken liegen, denn ich habe das Gefühl, als ob mein Magen ganz aufgeblasen ist und viel zuviel Platz wegnimmt, und als ob ich Magenschmerzen habe, und als ob das Gummi in meinen Hosen viel zu stramm sitzt, und als ob ich irgend etwas sagen müßte. Ich kann bloß nicht herausfinden, was es ist, was ich nicht herausfinden kann. Ich weiß nur, daß es mir schlechtgeht, im Magen oder sonst irgendwo da unten. Ich weiß wirklich nicht, was los ist, aber wenn nicht bald . . . RÜLPS!

Das war's!

Das tat gut.

Hast du etwa den Fußboden naß gemacht?

Ich bin undicht

Etwas stimmt nicht mit meiner Windelregion. Meine Mutti sagt, ich habe einen wunden Po, das kommt vom Ammoniak in der Windel. Sie weiß nicht, wovon sie redet. Es ist ja richtig, daß ich einen roten Po habe, und es ist auch richtig, daß sich die Haut am Po langsam ablöst, aber keiner von ihnen hat herausgefunden, warum ich einen roten Po habe. Es liegt daran, daß ich chronisch undicht bin. Sie geben mir zwar mehrmals am Tag eine frische Windel, aber das ist keinen Pfifferling wert. Ganz plötzlich bin ich wieder undicht, und dann fühlen Mutti oder Vati nach, wie undicht ich bin, und dann sagen sie: »Ach, mein kleiner Schatz, bist du schon wieder naß?«

Ja, natürlich bin ich wieder naß. Das muß man ja werden, wenn man so undicht ist wie ich. Als die Regenrinne ein Leck hatte, sagte mein Vati, das könne er mit etwas Plastikmasse wieder in Ordnung bringen, und dann machte er's, und dann war die Regenrinne wieder in Ordnung, aber ich ... bei mir denkt niemand daran, mich mit irgendeinem Universalmittel abzudichten.

Mich lassen sie einfach in meinem eigenen See baden.

Merkwürdige Leute.

Mein Vati kann am besten Kindererziehung mit mir machen . . . meine Mutti braucht viel zu viele Worte!

Kindererziehung . . . Ha!

Ich glaube, ich habe etwas herausgefunden. Ich habe herausgefunden, was man unter Kindererziehung versteht. Also, Kindererziehung ist, wenn Eltern ihre Kinder dazu erziehen, genau das Gegenteil von dem zu tun, was sie gerne tun möchten. Ich weiß jetzt auch, daß meine Mutti am meisten Kindererziehung mit mir macht. Mein Vati hat gar keine Lust, so viele Worte zu gebrauchen, um all das zu sagen, was ich nicht darf. »Ach, was soll's«, sagt er bloß, wenn ich etwas heruntergerissen habe, wodurch meine Mutti sehr wütend wurde. Wenn Oma und Opa auf mich aufpassen, machen sie auch Kindererziehung mit mir. Aber das stört mich überhaupt nicht. Sie werden aber trotzdem etwas sauer, wenn sie mich gerade gewickelt haben und ich gleich danach ein schickes großes Häufchen in die Windel mache! Dafür sind sie wohl noch nicht reif genug. Dann kann es schon passieren, daß sie die Stirn in tiefe Falten legen und etwas Kindererziehung mit mir machen. Aber sie vergessen dann ziemlich schnell, wovon sie eigentlich reden.

Und dann spielen wir wieder.

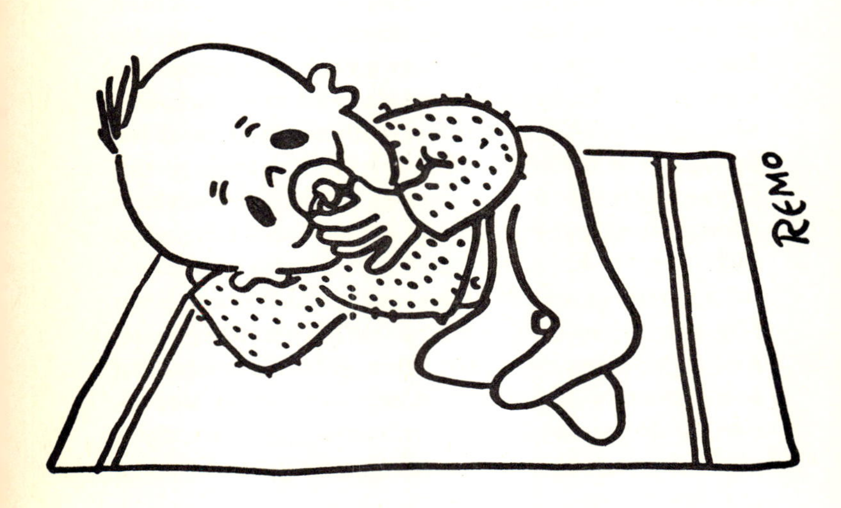

Mutti und Vati sagen, daß ich bald getauft werden und einen Namen haben soll. Wozu brauche ich einen Namen? Wissen sie denn nicht, daß ich es bin?

Wozu brauche ich einen Namen?

Ich bin niemand. Ich habe keinen Namen. Und wenn man keinen Namen hat, dann ist man niemand. Oder? Mutti und Vati haben ein Buch mit einer Menge Namen gekauft, und soweit ich es verstehen kann, dann ... ja, es klingt merkwürdig ... aber sie wollen mich wohl in etwas bringen, was sie eine Kirche nennen, und ein Mann da drinnen soll mich dann wässern und bestimmen, wie ich heißen soll. Und dann ist es ja eigentlich egal, daß meine Mutti bestimmt hat, daß ich Michael heißen soll, und mein Vati bestimmt hat, daß ich Heinrich heißen soll, und mein Opa meint, daß ich nach meinem Urgroßvater Andreas Severin Julius Theobald heißen soll.

Ich verstehe nur nicht, warum ich überhaupt einen Namen aus diesem Buch haben soll. Bis jetzt hieß ich immer Brüderchen oder Baby. Das reicht für mich. Und wenn ich mal groß bin, sieht es doch schick aus, wenn an der Tür an meinem Haus steht, hier wohnt BABY. Oder wenn es ganz besonders schick sein soll, können wir ja den Nachnamen dazusetzen: BABY BRÜDERCHEN. Wenn ich unbedingt anders heißen soll, dann will ich genauso heißen wie der große, hübsche Vogel in dem Bilderbuch meines großen Bruders. Der Vogel heißt Pelikan.

Nennt mich Pelikan!

Ich spiele, daß ich keinen Schnuller mehr brauche und angefangen habe, wie Vati Zigarren zu rauchen . . . aber wo bleibt der Rauch?

Ein neues Schnullerspiel

Manchmal spiele ich, daß ich keinen Schnuller mehr brauche und angefangen habe, wie Vati Zigarren zu rauchen. Ich stecke einen Finger in den Mund und sauge daran und puste wieder aus und so weiter. Genau wie mein Vati. Aber es schmeckt nicht besonders. Ich bin etwas enttäuscht darüber, denn Mutti und Vati sagen beide, daß ich bald viel zu groß für diesen dummen Schnuller bin. Aber was gibt es denn sonst noch? Außer Zigarren? Natürlich Zigaretten. Denn die raucht Mutti. Und wenn sie das tut, muß es schon sehr gesund sein. Denn sie sagt ja auch immer, daß ich Möhrenbrei und Spinatbrei und all so etwas essen soll, weil es so gesund ist. Persönlich meine ich aber, daß sich Zigaretten am besten dazu eignen, sie aus der Packung zu holen und in zwei Teile zu brechen. Und dann in viele Teile. Es wird aber immer entdeckt, wenn ich eine Packung Zigaretten zerlegt habe. Und wenn meine Mutti dann die Zigarettenkrümel wieder zusammenkratzt, schimpft sie mit mir. Sie gibt mir nie eine ehrliche Chance, die Zigaretten wieder zusammenzusetzen und schön wieder in die Packung zu legen.

Bei solchen Sachen ist es nun mal nicht weit her mit Muttis Geduld.

Mmh . . . ich glaube schon, daß ich so einen ganzen Daumen aufessen könnte!

Mein Daumen schmeckt gut

Jetzt habe ich es schwarz auf weiß. Es ist schon ein Drama. Mein Vati hält zu mir, meine Mutti hält zu sich selbst, und alles dreht sich um meinen Daumen. Den linken. Der spielt die Hauptrolle im ganzen Stück.

Ich darf nicht daran lutschen. Sagt meine Mutti. Aber dann hat mein Vati in einem Buch über kleine Kinder etwas gefunden, und da steht – schwarz auf weiß, sagt er –, ich habe es selbst gehört, wie er es meiner Mutti laut vorgelesen hat: »Neuere Untersuchungen haben gezeigt, daß Fingerlutschen keine schlechte Gewohnheit ist, sondern einem kindlichen Bedürfnis entspricht.« Da habt ihr's! Zum Glück lassen sie die Sache jetzt etwas ruhen. aber ich kenne meine Mutti gut genug, um zu wissen, daß sie den Faden sofort wieder aufnimmt, sobald es ihr geglückt ist, ein Buch zu finden, in dem steht, daß die *allerneuesten* Untersuchungen gezeigt haben, daß Daumenlutschen doch eine schlechte Gewohnheit ist. Aber bis dahin genieße ich meinen Daumen. So ein Daumen schmeckt fast so gut wie richtiges Ham-Ham. Es ist aber merkwürdig . . . ich habe auch versucht, an den anderen Fingern zu lutschen, ich habe sogar die ganze Hand in den Mund gesteckt. Wie man es aber auch dreht und wendet, es bleibt dabei:
Im Daumen sitzt das ganze Aroma.

MUTTI . . . warum weine ich?

Mein Opa ist lustig

Ab und zu wohne ich nachts bei meiner Oma und meinem Opa. Und wenn ich dann meinen ganzen Schlaf für den Mittagsschlaf verbraucht habe, kann ich nicht schlafen, wenn sie mich abends zu Bett gebracht haben. Dann schreie ich eben. So richtig mit dem ganzen Gesicht, und dann geht die Vorstellung los! Mein Opa zeigt mir, wie er mit den Ohren wackeln und wie er »Brurr-brurr-brurr« sagen kann, wenn er mit dem Zeigefinger seine Lippen rauf und runter fährt. Früher durfte ich auch hören, wie seine Taschenuhr »Tick-Tack« macht. Aber jetzt sagt er, daß ich gegenüber Tick-Tack-Lauten resistent geworden bin. Statt dessen macht er jetzt Tiere. Er läuft im ganzen Schlafzimmer herum und schlägt mit den Armen und ruft »Gak-gak« wie ein Gak-gak-Huhn und »Mäh-mäh« wie ein Mäh-Lamm und »Miau-miau« wie eine Miau-Katze. Und dann will er, daß ich lache. Aber das kann ich ja nicht – weil ich noch nicht mit Schreien fertig bin. Ich bin nie mit dem Schreien fertig, bevor sie mich wieder hochnehmen und ich meinen Opa so weit habe, daß er Hottepferd spielt und ich bei ihm auf dem Rücken eine lange Hoppe-Reiter-Tour durch das ganze Haus mache. Wenn er dann mit einem seiner Hinterbeine nach hinten tritt und dabei wiehert, dann finde ich das lustig – und dann lache ich.

Aber die Sache mit dem Schlafen – die vergessen wir immer.

Meine Mutti hat in einem Buch gelesen, daß es einfach ist, mich vom Schnuller zu entwöhnen. Wirklich?

Ist mein Schnuller doof?

Mutti und Vati haben ein ganz blödes Spiel angefangen. Ich weiß überhaupt nicht, was es bedeuten soll. Für mich sieht es so aus, als ob sie mich nur ärgern und belästigen wollen. In höchstem Maße. Aber jedesmal, wenn sie damit anfangen, mache ich dann auch ein Geheul, als wollte ich den großen Heul-Orden mit Stern und Schulterband haben.

Sie nehmen mir meinen Schnuller weg. Ja, ihr müßt schon entschuldigen, aber daran kann ich gar nichts Lustiges finden. Sie sagen, daß ich nicht immer auf diesem doofen Schnuller herumnuckeln soll. »Brrr«, sagen sie, »schmeckt doch Ba-ba!« Dann nehmen sie ihn weg, und dann schreie ich, so laut ich kann: »Schmeckt gut-gut!« Aber das verstehen sie nicht. Es endet regelmäßig damit, daß ich meinen Schnuller wiederkriege. Wenn ich ihn dann wieder habe, mag ich nicht mehr schreien. Dann lutsche ich dran und fühle mich wohl – bis sie am nächsten Tag die gleiche blöde Nummer abziehen. Mutti hat in dem Buch über das erste Lebensjahr des Kindes gelesen, daß »es einfach ist, dem Kind das Dauerlutschen am Schnuller abzugewöhnen«. Also in diesem Punkt bin ich nicht ganz einig mit der Verfasserin dieses Buches. Jedenfalls lasse ich es auf einen Versuch ankommen. Au weia ... jetzt war Mutti wieder da und hat mir den Schnuller weggenommen.

WRÄÄÄÄÄÄÄÄÄÄÄÄÄÄHHHHH!!!

Mutti, bring mir schnell eine ganze Menge richtig nasses Wasser, mit dem ich planschen kann!

Planschen macht Spaß

Es gibt viele Sorten gutes Wasser. Das beste Wasser ist das, womit man planschen kann. Aber ich mag auch die Sorte Wasser, die im Wasserglas auf dem Tisch steht, weil man es umschmeißen kann, wenn man etwas am Tischtuch zieht. Mein großer Bruder mag am liebsten die Sorte Wasser, die draußen in den Wasserpfützen aufbewahrt wird, und in das man hineinspringen kann, so daß es nach allen Seiten spritzt. Aber das beste Wasser, das mein großer Bruder am aller-allerliebsten hat, das ist das Wasser, das man mit Erde mischen kann, und aus dem man richtige Matschkuchen machen und im ganzen Gesicht herumschmieren kann. Ich mag auch das Wasser in meiner Badewanne. Aber ich mag es nicht im allerersten Augenblick. Manchmal schreie ich erst einmal ein bißchen, wenn sie mich hineinsetzen wollen. Aber wenn ich dann mitten in meinem Badewannenwasser sitze und versuche, alle meine Bälle zu ertränken oder ihnen das Schwimmen beizubringen, dann macht es mir großen Spaß. Und dann will ich nicht wieder raus. Nicht bevor ich den ganzen Fußboden naß gespritzt habe. Eigentlich gibt es nur eine Sorte Wasser, die ich nicht ertragen kann.

Das ist das blöde Wasser, mit dem sie meine Ohren waschen.

Wenn ich groß bin, will ich genauso heißen wie mein alter Herr, er heißt Vati . . .

Bin ich bloß eine Registriernummer?

Ich werde wohl immer Brüderchen heißen. Mutti und Vati finden keinen richtigen Namen für mich. Gestern abend haben sie in einem Buch mit vielen Namen geblättert. »Jetzt fangen wir von vorne an«, sagte Vati, »wie wäre es mit Ambrosius?« – »Nein«, sagte Mutti, »er soll doch nicht Bischof werden!« – »Andreas?« – »Nein«, sagte Mutti, »das klingt so biblisch.« – »Albert?« – »Nein«, sagte Mutti, »so heißen alle englischen Haushofmeister.« – »Adebar?« – »Er ist doch kein Storch!« – »Na ja, dann August!« – »Du hättest wohl gerne einen Zirkusclown?« – »Vielleicht Anker?« – Meine Mutti war kurz vorm Zusammenbrechen. »Arnold? Das ist doch ein schöner alter Name.« – »Weiter«, sagte meine Mutti. – »Abel?« – Meine Mutti schüttelte den Kopf. – »Dann wäre noch Axel?« – »Ja«, sagte sie, »Axel und Walburga! Weiter.« – »Schließlich Adam?« – »Auch ein schöner, uralter Name!« – »Bleibt unter A nur noch Adonis!« – »Erst mal abwarten, ob er wirklich so schön wird«, sagte meine Mutti. »Was gibt es unter B?«

»Wenn wir gar nichts finden«, sagte Vati, »halten wir uns doch einfach an das Familienstammbuch beim Standesamt. Nennen wir ihn doch nach seiner Registriernummer!«

Aber hier protestierte ich mit lautem Geheul. Ich will keine Registriernummer sein.

Brrr . . . allein der Klang!

Es macht Spaß, etwas auf den Boden zu verlieren ... wenn man nicht dafür kann.

Meine Mutti hat Nerven

Manchmal geht meine Mutti die Wände hoch. Meinetwegen. Ganz ohne Grund, denn mit mir ist ja alles in Ordnung, aber nicht mit ihr. Sie nimmt ihre Rolle als Mutter zu wichtig, sagt mein Vati. Sie kriegt zu wenig Schlaf, sagt meine Oma. Sie ist zu angespannt, sagt mein Opa. Das kann nicht gutgehen mit einer nervösen Mutter und einem schreienden Kind, sagt mein Onkel. »Sie wird ja ganz hysterisch«, sagt meine Tante, »denkt nur an die Sache mit der Soßenschüssel! Herrgott noch mal, als ob es die einzige Soßenschüssel auf der ganzen Welt wäre.«

Damit hat meine Tante völlig recht. Die Geschichte mit der Soßenschüssel war doch ganz harmlos. Ich habe nur ein bißchen am Tischtuch gezogen, so daß die Soßenschüssel mit der ganzen Soße auf unseren neuen Teppich polterte. Ich sagte es nicht, aber eigentlich hatte ich Lust zu sagen: »Oh, seht mal! Habe ich nicht einen schönen, großen Matschhaufen über den ganzen Teppich gemacht?« Meine Mutti wurde völlig hysterisch. Heulte und so weiter. »Ich kann bald nicht mehr!« schrie sie.

»Es sind bloß die Nerven«, flüsterte Vati meiner Oma zu. Und dann war es sehr still, während meine Mutti versuchte, fertig zu heulen. Sie konnte überhaupt keinen Lärm vertragen. Dann kam meine Oma mit einer Schachtel Aspirin und wollte ihr eine geben.

»Also gut«, gab sie sich endlich geschlagen, »aber mußt du denn so laut mit dem Deckel klappern?!«

Was ist hübscher? Die Farbe oder das Muster?

Werde ich ein neuer Picasso?

Vielleicht werde ich Künstler, wenn ich groß bin. Mein Vati sagt, es sei mir angeboren. Vielleicht werde ich ein neuer Picasso oder Hundertwasser, sagt er. Die kenne ich nicht. Sie wohnen nicht hier im Haus. Jedenfalls sagte mein Vati das, als Mutti ihn gebeten hatte, meine Malerei von der Wand abzuwischen. Ich hatte sie mit einem Glas roter Marmelade bemalt, die ich zusammen mit der Tischdecke auf den Fußboden gezogen hatte. Ich mag die kräftigen Farben. Aber ich glaube schon, daß meine Mutti es lieber sehen würde, wenn ich mich mit meinen künstlerischen Fähigkeiten etwas zurückhielte. Ich hatte dann auch Verständnis für sie, als sie die Marmelade zusammenkratzte, die ich nicht gebraucht hatte. Mein großer Bruder zeichnet und malt auch viel im Kindergarten. Heute erzählte er, daß die Kindergartentante gesagt hatte, sie sollten mal versuchen, etwas völlig Verkehrtes zu zeichnen. Zum Beispiel einen Hund, der einen Mann an der Leine zieht. Oder einen Kanarienvogel, der eine alte Dame in einem Käfig eingesperrt hat. Und all solche Sachen.

»Und du, was hast du dann gezeichnet?« fragte meine Mutti.

»Ich?« sagte mein großer Bruder, »ich habe Brüderchen gezeichnet, wie er Vati den Po pudert!«

Eigentlich habe ich nichts dagegen, auf dem Topf zu sitzen . . . wenn ich bloß wüßte, warum ich hier sitzen soll!

Jetzt kann ich auf dem Topf sitzen

Meine Mutti und ich haben ein neues Spiel, wie im Zirkus. Ich kann nicht genau erklären, worum es geht, aber auf jeden Fall macht es viel Spaß. Ab und zu setzen sie mich auf etwas, das sie »den hohen Hut« nennen. Ohne Windel oder Hosen an. Und dann sagen sie, ich soll A-a machen. »Komm schon! Großes A-a!«

Und dann sitze ich da und freue mich, eigentlich geht es mir dann ganz gut. Zwischendurch heben Mutti oder Vati mich hoch und gucken in den hohen Hut hinein. »Aber es ist ja noch gar kein großes A-a gekommen«, sagten sie dann, »wollen wir es noch mal versuchen? Komm schon . . . großes A-a!«

Das können sie sehr lange machen. Aber zum Schluß haben sie keine Lust mehr, dann geben sie mir wieder Windel und Hosen an, und meine Mutti stellt den hohen Hut wieder in die Ecke. Sie sieht dann sehr enttäuscht aus. Und dann denke ich: »Es tut mir leid für meine liebe Mutti, daß der hohe Hut dieses große A-a nicht machen will.«

Und um ihr dann eine Freude zu machen, mache ich selbst A-a in die Windel.

Ein ganz, ganz großes!

Das beste Spielzeug, das je erfunden wurde, ist Muttis Lippenstift!

Lustiges Spielzeug

Ehrlich gesagt, es gibt Sachen, die schmecken besser als Muttis korallroter Lippenstift. Andererseits sage ich aber auch nicht: Danke, für mich keinen Lippenstift mehr! Denn man kann eine Menge Spaß mit so einem Lippenstift haben. Nicht nur, daß man sich das ganze Gesicht damit bemalen kann, auch die Decke läßt sich bemalen. Und das Kopfkissen. Es gibt bestimmt nicht viele Babys in meinem Alter, deren Decke genauso schick ist wie meine gestern war, als ich mit Muttis Lippenstift fertig war. Ein bißchen habe ich auch davon gegessen. Aber das war nicht besonders. Ich habe es wieder ausgespuckt. Und dann kam Mutti. Sie schrie auf und stürzte heraus, um Vati zu holen.

Manchmal sind ihre Reaktionen sehr heftig. Bei ganzen Kleinigkeiten. Hier brauchte sie doch nun wirklich keine große Geschichte draus zu machen. Ich habe selbst gesehen, daß sie viel mehr als nur einen Lippenstift hat. Aber es gab also Krach, und den Rest des Tages haben sie an mir herumgewaschen. Es half aber alles nichts, ich blieb überall korallrot.

»Eigentlich ist das gar keine so schlechte Neuschöpfung«, sagte mein Vati, »weiße, schwarze und gelbe Babys gab es schon immer. Aber ein korallrotes?!«

Wenn ich fotografiert werden soll, muß ich immer fröhlich aussehen.
Sehe ich jetzt fröhlich aus?

Ein blödes Spiel

Mutti und Vati haben ein blödes Spiel. Na ja, eigentlich mehr mein Vati. Noch weiß ich nicht, was der Sinn dieses Spiels ist, denn im Grunde gibt es keinen. Es geht jedenfalls so, daß sie plötzlich sagen, jetzt soll ich fröhlich aussehen, und dann hebt Vati einen kleinen, schwarzen Kasten vor sein Gesicht, so daß man ihn kaum noch sehen kann, ganz plötzlich kommt dann ein sehr scharfes Licht, es sagt KLICK, und das ist alles. Abgesehen davon, daß ich manchmal anfange zu weinen, weil ich das scharfe Licht nicht mag.

Und dann sagt Vati: »Das ist bestimmt etwas geworden!« Manchmal sagt er auch: »Ich knipse gleich noch einmal, wenn er ganz richtig aussieht!«

Ganz richtig aussieht? Sehe ich denn nicht immer richtig aus? Man sieht doch wohl so aus, wie man aussieht! Als ich vor kurzem bei meinem Opa auf dem Schoß saß, und Vati sagte, daß ich wieder fröhlich aussehen sollte, sagte es wieder KLICK, und Vati sagte zu Opa:

»Ein Gutes haben Säuglinge ja an sich: sie laufen jedenfalls nicht mit stolzgeschwellter Brust durch die Gegend und zeigen jede Menge Fotos von ihren Wundereltern!«

Ein Schnuller ist das beste Essen, das ich kenne. Wenn ich groß und reich bin, kaufe ich alle Schnuller, die es auf der Welt gibt.

Ist Möhrenbrei eßbar?

Mutti gibt mir jetzt etwas anderes zu essen. Na ja, eigentlich ist es kein richtiges Essen, sondern etwas ganz Merkwürdiges; sie nennen es *Brei.* Es gibt Möhrenbrei und Birnenbrei und Apfelbrei und Kartoffelbrei und all so'n Kram. Sie schmieren es mir in das ganze Gesicht, weil ich nichts von diesem matschigen Zeug in meinem Mund haben will, ich mag viel lieber schöne, warme Milch. Einen Teil von dem blöden Brei stopfen sie dann in meine Nase, und dann weine ich und schlage den Löffel weg, so daß der Rest vom Brei direkt in Muttis Gesicht landet, manchmal auch an einer anderen guten Stelle. Doch die letzten paar Male ist dennoch etwas vom Brei in meinen Mund geflutscht, und ich habe auch etwas heruntergeschluckt. Ich glaube, es ist doch der eine oder andere Geschmack dabei, den ich gut gebrauchen kann. Aber ich bin mir noch nicht ganz sicher. Jedenfalls mag ich nicht die Sorte Brei, die Spinat genannt wird. Pfuiii! Mutti sagt, wenn ich richtig viel Spinat esse, dann werde ich groß und stark.

Nun gut, dann laßt mich ganz schnell groß und stark werden, so daß ich endlich Spinat verweigern kann.

Wenn Sophus groß wird, soll er auch lernen, auf dem Topf zu sitzen, sagt meine Mutti.

Mein Topf funktioniert jetzt

Es hat lange gedauert, aber langsam weiß ich jetzt, wozu mein Topf gut ist. Man kann Bauklötze hineintun und damit klappern. Man kann auch mit seiner Rassel darin herumhämmern und dabei große Musik machen. Und man kann ihn zu einer der Topfpflanzen schieben, die Mutti auf dem Fußboden stehen hat, und versuchen, die Blume umzupflanzen. Aber das schaffe ich noch nicht ganz. Ich kann die Blume nur umwerfen. Ich schaffe es auch schon fast, mein Fläschchen in den Topf zu leeren. Mit anderen Worten: mein Topf funktioniert. Aber man würde ja auch keine Töpfe machen, wenn sie nicht zu irgend etwas nütze wären. Als ich gestern einen Augenblick alleine im Wohnzimmer war, habe ich herrlich mit ein paar Fleischklößen in meinem Topf herumgemanscht. Das sah richtig hübsch aus, und als Vati aus dem Garten kam und in den Topf guckte, sah er richtig glücklich und zufrieden aus.

»Großer, großer Junge«, sagte er, »machst großen, großen Haufen in feinen, feinen Topf!«

Na ja, ab und zu braucht man ja auch etwas Lob.

Blumen pflanzen ist nicht gerade meine Stärke. Aber ich kann sie schon sehr gut umwerfen!

Jetzt essen wir

Das, was ich zur Zeit mache, nennen Mutti und Vati Essensverweigerung. Ich weiß nicht richtig, worauf es hinausläuft, aber immer, wenn ich essen soll, machen sie eine große Geschichte daraus. Vieles von dem, was sie mir einfüllen wollen, mag ich nämlich nicht essen. Man kann ja auch außerhalb der Mahlzeiten einige der Blumen im Wohnzimmer essen oder wenigstens daran schmecken. Manchmal esse ich auch etwas von dem Matsch, den mein großer Bruder gemacht hat, auch den Saft aus den Teppichfransen kann ich auslutschen. Aber richtiges Essen, nein, damit mag ich keine Zeit verlieren! Dann streiten sich Mutti und Vati, und dann sagt Vati: »Laß mich mal!« Und dann nähert sich der Löffel mit dem Essen langsam meinem Mund, der ganz fest zusammengepreßt ist, und dann sagt Vati:

»Mmh, feines Ham-Ham . . . sei jetzt ein großer Junge und mach deinen Mund schön auf . . . Tatü . . . jetzt fährt das Tatü-Auto in die Garage . . . und . . .«

Na ja, dann mache ich auch den Mund auf, und Vati leert den Löffel in meinen Mund. Dann blickt er Mutti triumphierend an und sagt: »Siehst du, mit etwas psychologischem Geschick klappt es!«

Dann lasse ich das Essen ganz langsam wieder aus dem Mund heraussickern. Alles.

»Ja, Vatilein, du machst es richtig!« sagt meine Mutti.

Mutti und Vati glauben, daß ich schön in meinem Wagen liege und meinen Mittagsschlaf halte.

Ich habe einen eigenen Wagen

Ich fahre gut. Ich habe ein Junior Baby Coupé DS Super mit vollsynchronisierten, selbstjustierenden Scheibenbremsen an allen vier Rädern, Vorder- und Hinterradantrieb und Vier-Kreis-Federungssystem. Mein Wagen ist zylinderfrei mit semi-automatischer Niveauregulierung und echter Powerlenkung (wenn mein Vati ihn lenkt), er hat eine Höchstgeschwindigkeit von 24 km/h (wenn Vati ihn zum Fußballplatz fährt und sich etwas verspätet hat). Aber dann rast er auch los, so daß Kinder und alte Damen sich in den Rinnstein retten müssen, wenn wir angebraust kommen, Vati und ich.

In meinem Wagen halte ich auch meinen Mittagsschlaf. Wenn ich schön lange geschlafen habe, kann es passieren, daß sich etwas Kondenswasser im Boden bildet, aber abgesehen davon funktioniert er gut. Auch wenn er schon ein paar Kratzer im Lack hat, die Reifen kein Profil mehr haben und sich schon einige Roststellen zeigen, denn ich habe ihn ja von meinem großen Bruder geerbt. Vati sagt auch, daß er nicht durch den TÜV kommen würde.

»Aber das kannst du, mein Schatz!« sagt er dann zu mir. Das hat er aber lieb gesagt.

Alle sagen, daß mein neuer Pullover schick aussieht. Aber niemand sagt, daß i c h schick aussehe!

Pullover mag ich nicht

Ich trage jetzt keine Strampelanzüge mehr, sondern richtige Hosen. Meinetwegen könnte ich ruhig wieder Strampelanzüge tragen, denn diese richtigen Hosen mag ich nicht – weil diese blöden gestrickten Pullover dazugehören. Meine Oma strickt sie. Das Garn kommt dabei von einem Ball, der auf dem Fußboden rollt. Immer wenn ich sie besuche, muß ich einen Pullover anprobieren. Und das Anprobieren endet immer damit, daß ich den Kopf durch ein Loch stecken soll, und das ist gar nicht angenehm. Meine Oma versteht es nicht, Löcher zu stricken, durch die mein Kopf geht ohne zu weinen. »Meine Güte, das ist ja furchtbar, wie du schon wieder gewachsen bist!« sagt sie immer. Was ist denn daran furchtbar? Als ich gestern wieder einen neuen Pullover anziehen sollte, ging mein Kopf überhaupt nicht durch das Loch. Meine Nase wurde ganz plattgedrückt, bevor es endlich klappte. »Mein Gott«, sagte meine Oma und wurde schon ganz viereckig im Gesicht, »wir haben doch wohl nicht den Kopf durch ein Knopfloch gesteckt?«

Im übrigen habe ich bemerkt, daß ich nur dann gestrickte Pullover anziehen soll, wenn Mutti friert.

Wenn doch bloß bald jemand käme, um mich von diesem blöden Topf zu nehmen! Ich muß nämlich mal . . .

Ich bin ein großer Junge

Ich bin etwas traurig darüber, daß ich immer undicht bin. Mutti und Vati und mein großer Bruder sind längst nicht so undicht. Und sie tun gar nichts dagegen, daß ich so undicht bin, jedenfalls nichts von Bedeutung. Diesen ganzen Quatsch mit den Windeln könnten sie sich sparen, denn es hilft ja doch nichts. Aber als eines Tages ein Wasserrohr im Keller ein Leck hatte, da haben sie sofort einen Mann geholt, der dann auch sofort ein anderes Wasserrohr anbrachte, das nicht undicht war. Mich hat der Mann dabei gar nicht beachtet. Trotzdem ist das Interesse von Mutti und Vati zur Zeit sehr stark genau darauf konzentriert, daß ich eben undicht bin. Ich soll an den Topf gewöhnt werden, sagen sie. Aber das verstehe ich nicht ganz. Wenn ich einen großen Bach auf den Teppich pinkle, wo es so schön wegsickert, sind sie sauer. Aber wenn ich einen kleinen Bach in den Topf pinkle, stehen sie da und loben mich über alles und nennen mich einen großen Jungen. Und das, obwohl nur sieben Tröpfchen in dem blöden Topf sind. Ich bin aber der Meinung, daß ich ein viel größerer Junge bin, wenn ich fast den ganzen Teppich naß machen kann.

Oder etwa nicht?

Eigentlich sollte ich schlafen, aber ich habe nicht die geringste Ahnung, was ich machen soll . . .

Zahnschmerzen

Manchmal liege ich nachts im Bett und weiß nicht so richtig, was ich machen soll. Aber wenn ich mich dann eine Zeitlang gelangweilt habe, dann rufe ich nach Mutti und Vati. Sie sagen jedoch, daß ich nur so da liege und vor mich hin brabble. Und daher kommen sie nicht. Aber dann setze ich den Alarm in Gang. WRÄ-Ä-Ä-Ä-Ä-H-H!! Volle Pulle. Und dann kommen sie herbeigestürzt. Ich aber bin sauer. Auch wenn sie mich auf den Arm nehmen und im Zimmer mit mir hin und her wandern, weine ich doch weiter, weil ich immer noch sauer bin. Sie sagen dann, daß ich Zähne kriege. Sie können aber sagen, was sie wollen, ich heule weiter. Und dann versuchen sie, mir etwas zu essen zu geben, und wenn das nichts hilft, geben sie mir eine frische Windel, und wenn das auch nicht hilft, geben sie mir mein Spielzeug. Jetzt geht es aber um meine Ehre, und ich heule weiter. Und eigentlich geht es mir auch nicht mehr besonders gut, weil es eine blöde Nacht ist, und weil ich nicht geschlafen habe. Am nächsten Morgen sagen sie, daß sie die ganze Nacht kein Auge zugemacht haben. Sie fragen nicht danach, ob ich ein Auge zugemacht habe oder nicht.

Aber so sind Eltern.

Warum nennen sie das bloß einen Laufstall, wenn man doch nicht zu seinem Spielzeug hinauslaufen kann?

Blöder Laufstall

Ein Laufstall hat viele Vorteile, sagt meine Mutti. Wenn ich in der Küche zu tun habe, sagt sie, kann ich den Laufstall mitnehmen. Und dann weiß ich, wo ich ihn habe. Also haben sie so einen blöden Laufstall gekauft. Als sie mich das erstemal hineingesetzt haben, habe ich aus vollem Hals geschrien. Ich saß hinter Gittern. Wenn keine Gitter davor wären, könnte es ja noch angehen. Aber sie behaupten, daß ich mich schon noch daran gewöhnen werde. Aber das tue ich einfach nicht. Ich komme nämlich nicht an mein Spielzeug. Ich schmeiße es aus dem Laufstall heraus und muß dann immer weinen, damit sie es wieder hereinschmeißen. Am Ende geben sie auf und nehmen mich wieder heraus. Und dann nehme ich mein ganzes Spielzeug und schmeiße es in den Laufstall hinein. Und dann muß ich weinen, um es wiederzukriegen. Nein, ich und ein Laufstall, das ist nicht so das Wahre. Als ich gerade eben weinte, weil ich raus wollte, hob Vati mich hoch und sagte:

»Du mußt aber bald lernen, heimisch zu werden, Junge! Dieses rastlose Zigeunerleben kann so nicht weitergehen!«

Wenn sie wirklich so viel vom Laufstall halten, warum ziehen sie dann nicht selbst rein?

Hallo . . . wollen wir spielen?

Bin ich ein Zwilling?

Vielleicht bin ich ein Zwilling. Ich weiß es noch nicht genau. Irgendwie ist aber ein Haken dabei. Mein Zwillingsbruder will nämlich nie richtig mit mir spielen. Er will mich nur ansehen und ein fröhliches Gesicht machen, wenn er mich entdeckt hat. Manchmal winkt er mir auch zu. Und unterhält sich ein bißchen mit mir. Aber nie recht lange. Und das auch nur dann, wenn meine Oma oder mein Opa oder so jemand mir etwas vorhalten, was sie einen Spiegel nennen. »Sieh mal«, sagen sie dann, »was da für ein hübscher Junge drin ist! Wer mag das wohl sein? Ob er dein süßer, kleiner Zwillingsbruder ist? Wink ihm doch mal zu!«

Na gut, dann winke ich etwas. Und er winkt auch etwas. Aber dann habe ich keine Lust mehr, und es trifft sich gut, daß mein Zwillingsbruder auch keine Lust mehr hat. Dann mache ich ein saures Gesicht, und das tut er auch. Wenn ich mich dann umdrehe, bin ich genauso schlau wie vorher. Habe ich nun einen Zwillingsbruder oder habe ich keinen Zwillingsbruder? Ich kann nicht gerade behaupten, daß meine Oma oder irgend jemand von den anderen, die mich vor einen Spiegel halten, irgend etwas tun, um mir beim Lösen meines Problems zu helfen.

Habe ich einen Doppelgänger? Oder bin ich bloß ich selbst? Man muß sich wahrhaftig um vieles kümmern.

Was kriege ich, wenn ihr meinen neuen Zahn sehen dürft?

Eine Weltsensation

Zur Zeit bin ich sehr gereizt und nervös. Ich sabbere und knabbere alles an, was in meine Nähe kommt. Gebt mir einen Kasten mit Bauklötzen und ich habe sie innerhalb kürzester Zeit zu einem Eimer Sägespäne umgeknabbert. Ich zahne, und Mutti und Vati ringen die Hände, weil sie nicht wissen, was sie mit mir machen sollen. »Armer kleiner Schatz«, sagt meine Mutti und fühlt an meinem Gaumen, und obwohl ich nicht mag, wenn Leute mir im Schädel herumwühlen, so hilft es doch ein bißchen – aber nicht sehr lange und nicht sehr viel, und ich bin weiterhin sauer und gereizt und wenig umgänglich. Gestern jedoch, als mein Vati die ganze Zeit mit seinem Zeigefinger in meinem Gaumen herumgewühlt hatte, war ich es plötzlich satt und biß ihn an der allerbesten Stelle, direkt an der Nagelwurzel. »Au, zum . . .!« schrie er und erwähnte jemand, den ich nicht kenne. Und dann raste er in die Küche zu meiner Mutti und rief:

»Du, er ist da! Er hat einen Zahn!«

Und dann hatten sie den ganzen Tag damit zu tun, die Neuigkeit herumzutelefonieren.

Wenn ich es richtig verstanden habe, bin ich das erste Baby auf der ganzen Welt, das jemals einen Zahn gekriegt hat.

Hau ab!

Ärger mit dem da im Spiegel

Ich habe mich mit meinem Zwillingsbruder verkracht. Diesem merkwürdigen Kerl da im Spiegel drin. Ich weiß nicht, was mit ihm los ist, aber manchmal glaube ich, daß er nur auf Ärger aus ist. Wenn ich ihn gerade im Spiegel erblickt habe, ist er sehr lieb. Aber er glotzt bloß. Und er antwortet nie, wenn ich mit ihm spreche. Er ist auch dumm, wenn ich auf andere Weise versuche, mit ihm Kontakt aufzunehmen – ihm zum Beispiel meinen Schnuller hinhalte, damit er einen kräftigen Zug nehmen kann. Das ist doch wohl freundlich gemeint, oder? Aber er will überhaupt nicht daran schmecken, obwohl ich ihm damit im ganzen Gesicht herumfahre. Und dann kriegen wir Krach. Heute haute ich den Spiegel direkt in einen meiner Bauklötze. BANG, sagte es, und dann ging er ganz kaputt. Als ich dann wieder hineinsah, war mein Zwillingsbruder abgehauen.

Und was war mit mir? Ich saß allein in meinem Laufstall und verstand überhaupt nichts mehr. Und als meine Mutti dann auftauchte, war ich es natürlich, mit dem geschimpft wurde. Mein Zwillingsbruder hielt sich immer noch versteckt. Er wollte keine Schimpfe haben, obwohl es auch seine Schuld war.

So ein Feigling.

Heute habe ich versucht, meinen Möhrenbrei allein zu essen ... bin aber überhaupt nicht satt ...

Ich esse jetzt mit dem Löffel

Ich kann mit dem Löffel essen. Heute habe ich im kleinen damit angefangen. Mit einer großen Portion Haferflocken. Es ist gar nicht so einfach, wie es aussieht. Meine Mutti und mein Vati und mein großer Bruder können sowohl mit dem Messer als auch mit der Gabel essen, und sie spielen dabei überhaupt nicht mit dem Essen. Sie kneten sich weder die Grütze ins Gesicht noch schmieren sie sich Soße in die Haare. Sie sitzen nur ganz gewöhnlich und langweilig da und stecken sich alles in den Mund. Aber ich! Vati sagt, daß ich das einzige Baby nördlich der Alpen bin, das Haferflocken essen kann, ohne den Mund zu öffnen! Aber alles habe ich dann doch nicht gegessen. Ich entdeckte nämlich, daß es viel mehr Spaß macht, mit dem Löffel in den Teller zu schlagen, daß die Milch nach allen Seiten spritzt! Dann las mein Vati in einem Buch: »Wenn das Kind anfängt, mit dem Essen zu spielen, ist der Zeitpunkt gekommen, den Teller außer Reichweite zu stellen.« Das taten sie dann. Und ich machte ein riesiges Geheul. Dann war der Zeitpunkt gekommen, den Teller wieder in meine Reichweite zu stellen. Und das Fest konnte weitergehen. Als mein Teller leer war, hatten Mutti und Vati und mein großer Bruder überall im Gesicht und in den Haaren Haferflokken.

»Mmh-ah-ham-mmh-bah!« sagte ich und warf ordentlich den Löffel auf den Tisch.

Das hieß: »Gesegnete Mahlzeit!«

Warum versteckt Mutti bloß immer mein bestes Spielzeug in der Küchenschublade?

Mein schönstes Spielzeug

Ich habe gutes Spielzeug und blödes Spielzeug. Mein bestes Spielzeug ist natürlich alles das, was ich in den Mund stecken kann, Bauklötze und Plastikringe und solche Sachen. Einige meiner Teddybären sind auch ganz gut, und meine neue Stoffpuppe, die meine Oma gemacht hat. Obgleich mein Vati sagt, daß Jungs nicht mit Puppen spielen sollen. »Nein, das hast du ja auch nie getan, oder?« sagt meine Mutti dann mit so einem merkwürdigen Unterton. Dann gibt es noch all mein blödes Spielzeug. Alle großen Sachen, die ich nicht über den Fußboden schmeißen kann, sind nicht viel wert. Mein allerbestes Spielzeug versteckt Mutti aus irgendeinem Grunde in der Küche. In der Schublade, auf der ich stehen kann, wenn sie etwas herausgezogen ist. Da unten drin liegt all mein sehr schönes Spielzeug. Kochlöffel, Sieb, Fleischhammer, Reibeisen, Trichter, Kuchenformen, Schlagbesen, Dosenöffner und solch schöne Sachen. Es ist alles dazu eingerichtet, in der Schublade damit Krach zu machen und es auf den Fußboden zu schmeißen. Ich begreife nur nicht, warum Mutti gerade mein bestes Spielzeug unbedingt draußen in der Küche verstecken muß, statt es mir im Wohnzimmer in meine Spielzeugkiste zu geben, wo es doch hingehört.

Das hat sie wohl noch nicht ganz begriffen.

Aus dem Weg!

Mein lustiges Schaukelpferd

Ich habe einen neuen Spielkameraden. Mutti und Vati nennen ihn ein Schaukelpferd. Noch genauer: ein Hotte-Hü-Pferd. Damit kann man ganz weit reiten, also richtige Schaukelritte. Wenn ich richtig reite, kann es schon vorkommen, daß es im Magen kitzelt, und dann lache ich. Aber wenn das Schaukelpferd dann wild wird, mag ich nicht mehr, und dann weine ich. Trotzdem liebe ich mein Hotte-Hü-Pferd. Es ist schön, einen Freund zu haben, auch wenn ich ihn nicht mit ins Bett nehmen darf. Mein großer Bruder reitet auch manchmal darauf. Aber er kann nicht richtig aufpassen, das Schaukelpferd wird dann ganz wild und wirft ihn ab. Dann haben wir was zum Lachen. Ich will dann auch genauso verrückt darauf reiten, aber Mutti verbietet es mir. Dann gibt es Krach, und ich muß weinen, und ganz plötzlich ist dann mein Hotte-Hü-Pferd weg. Es kann dann mehrere Tage dauern, bevor es wieder da ist. Ich weiß immer noch nicht, wohin es immer läuft, wenn es wegläuft. Wenn ich dann ganz laut »Pruhh-Pruhh« rufe, damit es wiederkommt, sagt Mutti, daß es das doch nicht hören kann, weil es ganz weit weg ist.

Aber wo ist es bloß?

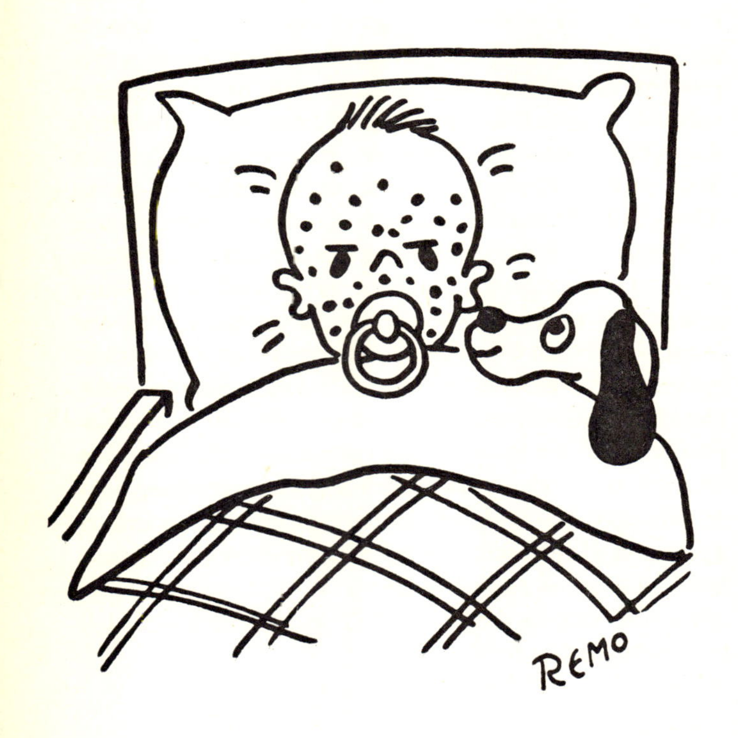

Das schlimmste an den Masern ist, daß ich nicht einmal Lust habe, unartig zu sein . . .

Ich mag keine Masern

O nein, Masern sind wirklich nichts für mich. Hier war ein Mann, meine Mutti nannte ihn Doktor. »O ja«, sagte er, »es sind die Masern.« Als er das gesagt hatte, kriegte er etwas Geld und ging seiner Wege. Er vergaß bloß, meine Masern mitzunehmen. Langsam habe ich genug von den Masern. Sie machen mich ganz matt und schlaff, so schlaff, daß ich nicht einmal Lust habe zu weinen. Ich liege nur so da und bin ganz abgeschlafft. Jedesmal, wenn Mutti oder Vati in mein Zimmer kommen, um nach mir zu sehen, werden sie überall im Gesicht ganz ernst, und mein großer Bruder darf mich nicht anfassen. Er darf nicht einmal an mein Bett kommen, obwohl sie sagen, daß er die Masern schon gehabt hat. Die Röteln hat er auch schon gehabt. Ich habe sie nicht bei ihm gesehen. Er hat sie wohl kaputtgemacht. Ich mag nichts kaputtmachen. Ich mag überhaupt nichts. Meine blöden Masern fingen hinter den Ohren an. Sie lagen einen ganzen Tag dahinter und versteckten sich, bevor sie sich herauswagten. Sagt Vati. Aber ich mag sie nicht, und sie sollen bald wieder verschwinden.

Ein ganz kleines bißchen hilft es, wenn Mutti sich über mich beugt und sagt:

»Armer, armer kleiner Schatz!«

Das lindert.

Ich spreche mit Tuut-tuut-tuut . . .

Ich spreche mit dem Telefon

Mutti und Vati nennen es Telefon. Es ist kein richtiger Mensch, aber sie sprechen trotzdem sehr viel mit ihm. Wenn es manchmal so dasteht und sich langweilt, wird es plötzlich ungeduldig und ruft sie. Ring-ring-ring, sagt es, und dann kommen Mutti oder Vati gestürzt und reden beruhigend darauf ein. Mutti kann am besten mit ihm reden, und wenn sie ihm von mir erzählt, dauert es manchmal sehr, sehr lange. Ab und zu versuche ich auch, mit dem Telefon zu sprechen, es scheint aber so, daß es nicht richtig versteht, was ich meine, wenn ich sage: »Ah-brll-ah-brll-ah-brll!« Dann sagt es bloß »Tuuut«, und das ist nun nicht gerade das, was ich unter einem gemütlichen Plausch verstehe. Wenn ich aber genauso wie Mutti oder Vati etwas an der Scheibe drehe, dann sagt es manchmal etwas Richtiges, und dann sage ich auch etwas Richtiges: »Boo-boo-oh-di-jah-bah-ah-te-te-te-gogohh!«

Und wenn ich dann eine ganze Menge solcher Sachen gesagt habe, fragt es, mit wem ich sprechen möchte. Ich will natürlich mit dem Telefon sprechen.

Ob es wirklich kein Deutsch versteht?

Warum sagst du denn nie etwas? Es braucht ja nichts Vernünftiges sein!

Jeder hat seine eigene Sprache

Ich habe angefangen zu sprechen. Aber das ist vielleicht verrückt, denn jetzt zeigt es sich, daß Mutti und Vati und mein großer Bruder eine ganz andere Sprache sprechen als ich. Wenn ich Hunger habe, sage ich: »Ham-mam, Ham-mam« oder »Ah-baba-baba«, aber mein Vati sagt das ganz anders. Er sagt: »Ist das Essen immer noch nicht fertig?« Wenn ich einen großen Haufen in der Windel habe, sage ich »Ah-puuhh-ah-puuhh« oder »Ahh-diijjj«. Wenn Vati das hört, strahlt er übers ganze Gesicht und ruft Mutti zu: »Du, ich glaube, er versucht ›Vati‹ zu sagen!!« Er riecht nie an meiner Windel, um zu verstehen, wovon ich rede. Sage ich aber »Ah-brll-ah-brll-ah-brll«, dann versteht Mutti sehr gut, daß ich nur sagen will: »Geht es uns nicht gut?« Das ist meistens dann, wenn ich auf dem Wickeltisch liege und gerade frisch eingepudert bin. Aber das ist dann auch schon fast alles, was sie verstehen. Sie wissen auch, was es bedeutet, wenn ich sage: »Ahooooh-hhhh!!« Das sage ich immer, wenn ich etwas umgeworfen habe. Eigentlich sollte ich dann ja »Hoppla« oder »Verdammt« sagen, aber ich finde, so klingt es viel interessanter. Denn es ist ja immer interessant, etwas umzuwerfen. Wenn Oma oder Opa kommen, sage ich: »Ah-da-da-da-da!« – »Hört mal«, sagen sie dann, »er will guten Tag sagen.«

Und dabei sage ich bloß:

»Da kommt die, die mir immer Schokolade gibt!«

Jetzt kenne ich alle Zahlen . . . ganz bis zwei!

Vielleicht werde ich Atomphysiker

Meine Oma sagt, daß ich mich zu einem kleinen intelligenten Kind entwickelt habe. Sie hat mir ein Rechenbrett geschenkt, und ich kann schon richtig damit zählen und rechnen. Aber nur leichte Aufgaben bis zwei. Und ohne Garantie, ob die Lösung richtig oder falsch ist. Aber es macht viel Spaß, die Kugeln hin- und herzuschieben, und wenn ich dann meine Stirn an der richtigen Stelle in Falten lege, so daß ich ganz »nachdenklich« aussehe, wie meine Oma das nennt, dann sehen sie mich alle voller Bewunderung an, und Opa sagt, ich werde wohl einmal Atomphysiker oder Philosoph oder Bankdirektor. Vielleicht kriege ich sogar den Nobelpreis. Sagt mein Opa. Als ich vorhin gerade die Kugeln hin- und herschob , begeisterte sich plötzlich sein ganzes Gesicht, und er sagte: »Es ist doch ganz klar, was er da gerade ausrechnet. Vier – ja, das stimmt genau – er hat mich gerade mit seinem neuen Zahn viermal in den Finger gebissen!«

Ich hatte keine Ahnung, daß ich ihn genau viermal gebissen hatte. Ich dachte, ich hätte ihn hunderttausendmillionentausendmal gebissen. Das ist doch viel, oder?

Ich meine, an einem Tag.

Schreibt man »Liebe Mutti und Vati« mit einem oder mit zwei Kringelchen?

Jetzt kann ich auch schreiben

Ich habe eine wichtige Notiz für meine Mutti geschrieben. Und einen Brief an Opa. Und in aller Eile ein paar Worte an Oma. Und meinem Vati eine Nachricht hinterlassen. Ich habe nämlich den Bleistift von meinem großen Bruder ausgeliehen. Genau den, der ganz schwarz schreiben kann. Ich hatte Mutti so viel zu erzählen, daß es nicht alles auf einen normalen Schreibblock paßte. Aber das machte nichts. An der Wand war ja noch Platz genug. Ich nahm die Wand, die Vati gerade gestrichen hatte, denn die sah am schönsten aus. Jetzt bin ich sehr gespannt, was sie wohl sagen werden, wenn sie meine Briefe finden. Ich glaube, ich weiß, was Mutti sagen wird:

»Ach, mein kleiner Schatz«, wird sie wohl sagen, »ist Post gekommen?«

Bei Vati ist das nicht so leicht zu sagen. Aber von früheren Gelegenheiten, als ich ihm einen Brief an die Wand geschrieben habe, weiß ich, daß er es am liebsten hat, wenn ich mich kurz fasse. Das habe ich auch getan. Ich habe nur geschrieben:

»Hallo, Vati!«

Wenn ich ein richtig schönes Wort legen will, hilft mir mein großer Bruder . . .

Au verdammt!

Ich bin im Windelalter, im Trotzalter, im Schnulleralter und im Krabbelalter. Aber ganz besonders freue ich mich auf das Alter, wo ich fluchen kann. Da ist mein großer Bruder gerade drin. Und das hört sich immer sehr spannend an. Manchmal sagt er:

»Au, zum . . .!«

Aber nicht genug damit, daß er »Au, zum« sagt, er sagt auch noch den Nachnamen dazu. Und das darf er nicht, sagen Mutti und Vati. Mutti mag es überhaupt nicht, wenn er flucht. »Es kommt noch so weit, daß er genauso furchtbar flucht wie die Leute in den Kindersendungen im Fernsehen«, sagt sie. Ab und zu kommt mein großer Bruder dann zu mir und klärt mich darüber auf, zwischen welchen Flüchen ich wählen kann, wenn ich groß bin.

»Du darfst nie ›zum Teufel‹ oder ›zum Henker‹ sagen, wenn Mutti oder Vati es hören können, aber wenn es mal wirklich notwendig sein sollte, dann darfst du ruhig sagen: ›zum Kuckuck‹, ›zum Heulen‹, ›zum Davonlaufen‹. Und es passiert nie etwas, wenn du sagst ›zum Beispiel‹!«

Gestern mußte er sich wieder in die Ecke stellen, nachdem Mutti ihn gefragt hatte, wo er meinen kleinen, roten Ball hingetan hatte.

»Der rollte verdammt unter das verfluchte Sofa, zum Teufel!« sagte er.

Das hieß dann aber für ihn: »Ab in die Ecke! Schäm dich!«

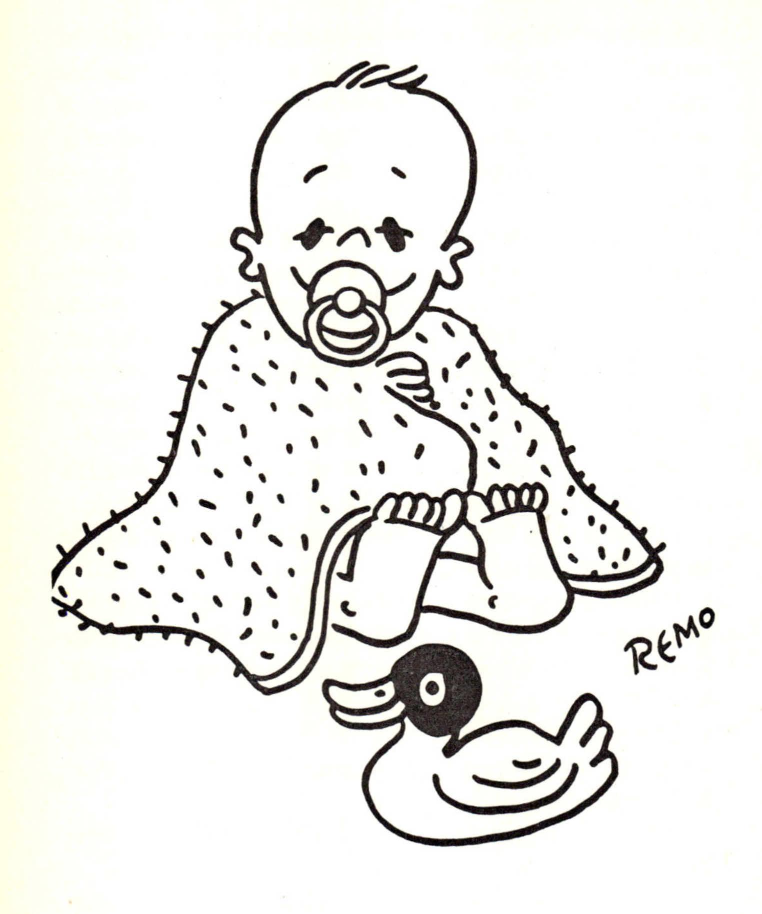

Heute war es gar nicht so schlimm, zu baden. Ich wurde fast überhaupt nicht naß. Dafür aber Mutti!

Vati ist ein Junge

Mutti und Vati machen immer wieder neue und interessante Dinge mit mir. Jetzt haben sie versucht, mich in der richtigen großen Badewanne zu baden. Darin schwimmt ein richtiges großes Meer, in das man vorsichtig hineingesetzt wird. Zuerst legte ich scharfen Protest ein und wollte überhaupt nicht. Aber als ich eine Zeitlang mitten im Meer gesessen und das Wasser etwas gestreichelt hatte, um mich mit ihm anzufreunden, und es dann kleine Wellen machte, die um so größer wurden, je mehr ich das Wasser streichelte, dann machte es eigentlich doch Spaß. Mein großer Bruder sitzt auch immer in der großen Badewanne. Und er nimmt immer eine Menge Schiffe und Bälle und Spielzeug mit, wenn er badet. Gestern hatte er so viel Spielzeug mit in die Badewanne geschleppt, daß Mutti ihn vor lauter Bällen und Badetieren gar nicht finden konnte. »Sag mal Kuckuck!« mußte sie rufen, bevor sie ihn fand.

Damit ich nicht zu große Angst haben sollte, als ich in das große Meer in der großen Badewanne sollte, stieg mein Vati erst hinein. Er hatte sich ganz ausgezogen. Und da bemerkte ich etwas, was ich vorher noch nicht so richtig bemerkt hatte.

Mein Vati ist ein Junge, genau wie ich.

Ob meine Mutti das weiß?

Ich mag dich, und du magst mich. Wir mögen uns, ja?

Ich spreche mit Tieren

Ich kann mit Tieren sprechen. Und mit Teddys und Puppen. Ich kann mit ihnen allen reden. Am besten kann ich aber mit meinem Teddy sprechen. Der ist lieb. Obwohl er nie schlafen will, wenn ich ihn in meinem Bett habe. Er wühlt immer unter der Decke herum und will immer herausspringen. Aber dann vermisse ich ihn, und dann muß ich ein bißchen weinen, um ihn wiederzukriegen. Ich kann auch mit der Sorte Tiere reden, die Hund heißen und die mir ab und zu das Gesicht lecken. Manchmal kommt ein kleiner schwarzer Hund und sagt »Hei« zu mir. Mit der ganzen Zunge über mein ganzes Gesicht. Aber eigentlich darf er mich nur in größerem Abstand begrüßen. Ich glaube, er mag mich, denn er sieht immer fröhlich aus mit seinem wedelnden Schwanz, wenn er mich begrüßt. Er ähnelt einem kleinen, schwarzen Hund aus dem Bilderbuch meines großen Bruders. Ich mag gern zuhören, wenn mein großer Bruder bei Vati auf dem Schoß sitzt und dieser ihm von allen Tieren vorliest. Gestern fragte mein Vati meinen großen Bruder, ob er zählen könne, wie viele Beine der Elefant im Bilderbuch habe.

»Ja«, sagte mein großer Bruder, »der Elefant hat sechs Beine. Zwei Vorderbeine, zwei Hinterbeine und zwei Elfenbeine!«

Oben schmeckt Haferflockenbrei gut, unten duftet er aber nicht besonders gut!

Tischgespräche

Es ist schon eine merkwürdige Welt, in der wir leben. Nehmen wir mich zum Beispiel ... ich darf beim Essen reden. Ich kann bloß nicht. Aber mein großer Bruder, der kann beim Essen reden. Er darf bloß nicht. Jedenfalls nicht, solange er selbst noch ißt. Aber genau das fällt meinem großen Bruder sehr schwer. Besonders dann, wenn es Fischfrikadellen gibt, kann er seinen Mund nicht halten. Er schlägt immer vor, sie den armen Kindern unten in Afrika zu senden. Und gestern wollte er plötzlich wissen, ob Fischfrikadellen über oder unter Wasser schwimmen? Und ob Goldfischjungen einen Klaps kriegen, wenn sie sich nachts nicht trockenhalten können? Und ob es stimmt, daß ein Kannibale unten in Afrika, wenn er zu spät zum Essen kommt, eine kalte Schulter bekommt? Und ob die Köche oben in Lappland wirklich Topflappen heißen? Und ob die Pygmäen unten in Afrika tatsächlich auf eine Leiter steigen müssen, um Erdbeeren zu pflücken? Und ob ein Schwede aus Schonen mit einem empfindlichen Magen auch nur Schonkost erhält? Solche vernünftigen Fragen – auf die er drüben im Kindergarten keine ausreichende Antwort kriegen konnte – stellt mein großer Bruder immer dann, wenn wir gerade beim Essen sind.

»Jetzt halt mal deinen Mund, Junge«, sagen Mutti und Vati dann, »man spricht nicht mit dem Essen im Mund!«

Und dann sagt mein großer Bruder:

»Aber die Kannibalen unten in Afrika ... die dürfen mit einem Essener im Mund sprechen, nicht?«

Ich war eben ganz stolz, als Vati mich fragte: »Na, wovon handelt es denn?«

Bücher schmecken nicht

Von Büchern halte ich nicht gerade viel. Bilderbücher und so etwas, von denen mein großer Bruder eine Menge hat, sind blöd. Keines davon schmeckt nach etwas Besonderem. Natürlich kann es manchmal recht schön sein, darauf zu beißen, weil es gut für meinen Gaumen ist, aber im großen und ganzen sagen mir Bücher nicht sehr viel. Zeitungen sind da viel besser. Sowohl weil sie leichter zu zerreißen sind, als auch weil sie so herrlich knistern, wenn man sie zusammenlegt. Es macht auch Spaß, morgens in den Flur zu krabbeln, wenn der Briefschlitz gerade »KLAPP« gesagt hat, und dann zu versuchen, die Briefe zu zerreißen, die dort herumliegen. Oder eine kleine Ecke davon aufzuessen. Die Ecke mit der Briefmarke schmeckt am besten. Als ich gestern ein großes Stück von Vatis Zeitung gegessen hatte, versuchte er, es mich wieder ausspucken zu lassen. Er brauchte nämlich noch die Totozahlen. Also spuckte ich es wieder aus. Als er dann die nassen Schnipsel wieder zusammengelegt hatte und versuchte, etwas zu entziffern, war er dennoch begeistert:

»Donnerwetter«, sagte er zu Mutti, »der Junge ist ein Sprachgenie! Er hat es tatsächlich ins Russische umgekaut!«

Eine Mutti muß ich ja haben, denn sie gibt mir etwas zu essen. Aber wozu habe ich einen Vati?

Was ist ein Kindergarten?

Es gibt da etwas, worüber ich nachgedacht habe. Wo geht mein Vati hin, wenn er weggeht? Fast jeden Morgen geht er einfach weg. Anstatt zu Hause zu bleiben und mit mir zu spielen, so wie Mutti. Wozu habe ich eigentlich einen Vati, wenn er doch immer weggeht? Trotzdem glaube ich, daß er mich etwas vermißt, denn wenn es langsam gegen Abend geht, kommt er plötzlich nach Hause und sagt »Hallo, Schatz!« zu mir und fragt, ob ich ein lieber Junge gewesen bin. Und dann spielt er mit mir, und wir haben viel Spaß. Aber am nächsten Morgen geht er tatsächlich wieder. Trotzdem. Aber das ist ja noch nicht das Schlimmste. Viel schlimmer ist, daß sie schon davon sprechen, daß sie sich bald um einen Platz für mich im Kindergarten kümmern müssen. Das verstehe ich nicht richtig. Ich kenne nämlich jetzt das ganze Haus und den ganzen Garten. Wir haben einen Rosengarten, einen Gemüsegarten und einen Obstgarten. Aber wir haben keinen Kindergarten. Das weiß ich ganz genau. Wieso brauchen sie dann einen Platz für mich im Kindergarten? Die Sache gefällt mir nicht. Jedenfalls brauchen sie dabei nicht mit mir zu rechnen.

Nix Kindergarten für mich.

Die große Frage ist: Wie zählt man bis zwei?

Ich kann mit Zahlen rechnen

Vati denkt viel an meine Zukunft. »Vielleicht wird er Finanzexperte«, sagt er. Mit seinem alten Elektronenrechner hat er mir das Rechnen beigebracht. Da kann man richtig mit Zahlen rechnen. Bei den Rechenaufgaben kommt eine Menge grüner Krimskrams heraus, wenn man auf die Knöpfe drückt. Und es spielt keine Rolle, daß ich nicht richtig weiß, ob die Lösungen richtig oder falsch sind, denn das weiß ja der Elektronenrechner. Ich kann fast genausogut rechnen wie mein großer Bruder. Aber eben nur fast. Heute saß mein großer Bruder bei Opa auf dem Schoß, und Opa fragte ihn: »Wenn du von mir drei rote Feuerwehrautos kriegst, und Mutti und Vati geben dir auch noch zwei, wie viele rote Feuerwehrautos hast du dann?«

»Sechs«, sagte mein großer Bruder. Opa schüttelte den Kopf.

»Nein«, sagte er, »ich gebe dir drei rote Feuerwehrautos. Mutti und Vati geben dir zwei rote Feuerwehrautos. Wie viele rote Feuerwehrautos hast du dann?«

Mein großer Bruder zählte noch einmal mit den Fingern die roten Feuerwehrautos zusammen. »Sechs«, sagte er dann noch einmal.

»Drei rote Feuerwehrautos und zwei rote Feuerwehrautos. Das werden doch niemals sechs. Du hast doch nur fünf.«

»Nein, ich habe sechs. Eins habe ich nämlich schon!«

Mutti sagt, Fleischklöße sind kein Spielzeug. Aber was sind sie dann?

Verrückte Welt

Gut, daß ich das jetzt weiß. Es gibt Unterschiede zwischen den Leuten. Manche Leute dürfen etwas tun, was andere Leute nicht tun dürfen. Ich zum Beispiel. Am Tisch darf ich nicht mit dem Essen spielen. Aber meine Mutti – sie darf mit dem Essen spielen. Seht nur das Beispiel mit den Fleischklößen. Ich darf fast gar nichts damit machen. Ich darf sie nicht auf den Fußboden schmeißen. Ich darf sie auch nicht zu meinem großen Bruder in den Teller mit Joghurt schmeißen. Ich darf nicht die Hand darauf klatschen und ihnen damit eins auf den Deckel geben. Genaugenommen darf ich überhaupt nicht damit spielen. Aber Mutti darf mit den Fleischklößen spielen. Ich habe es selbst gesehen, wie sie in der Küche stand und sie in einer Schüssel knetete und sie zwischen den Händen rollte, sie dann auf einen Löffel legte und versuchte, sie in einem Topf mit Wasser zu ertränken, und danach fischte sie die Klöße wieder aus dem Topf heraus. All solche lustigen Sachen hat sie damit gemacht. Mehr als eine Stunde spielte sie damit. Ich möchte doch auch gerne einen Topf mit Wasser haben, in dem ich die Fleischklöße ertränken kann. Aber nichts da!

Warum geben sie mir überhaupt diese blöden Fleischklöße? Ich meine . . . wenn man überhaupt keinen Spaß damit haben darf.

Einmal abgesehen davon, sie kaputtzukauen und auszuspucken.

In dem Kasten hat sich ein Mann versteckt. Aber ich kann ihn nicht herausschütteln.

Im Kasten wohnt ein Mann

In dem Kasten, den Mutti und Vati ein Transistorradio nennen, wohnt ein Mann. Manchmal geben sie mir den Kasten, und dann spreche ich mit dem Mann. »Brll-ah-brll-ah-brll«, sage ich zu ihm. Und er antwortet fast genauso. Bloß mit Musik dabei. Auch in den beiden Kästen, die in den beiden Ecken im Wohnzimmer hängen, wohnen Leute. Und es wohnt jemand in dem Kasten, in den Mutti und Vati abends immer gucken. Aber in meinen Bauklötzen wohnt niemand. Auch nicht in meinem Topf. In den Küchenschränken wohnt auch niemand, obwohl an den Türen auch Knöpfe sind, an denen man drehen kann. Der Mann im Transistorradio will aber nicht herauskommen, ich kann den Kasten schütteln, soviel ich will. Er hält sich gut fest. Wenn ich an den Knöpfen drehe, bringe ich ihn manchmal dazu, Musik zu sprechen.

Vorhin sagte meine Mutti: »Geh doch mal und sieh nach, was er gerade macht!«

Dann kam Vati. Er strahlte über das ganze Gesicht.

»Er sitzt und hört Mozart«, sagte er. Und dann winkte ich ihm mit beiden Händen zu.

»Jetzt dirigiert er«, sagte Vati. »Ich glaube tatsächlich, er wird ein neuer Leonard Bernstein!«

Das will ich aber nicht hoffen. Ich bleibe lieber ich selbst.

Wie machen es die Leute eigentlich, wenn sie sprechen? Ich meine ...
wo kriegen sie die Wörter her?

Ich kann sprechen

Ich wachse jetzt aus dem Brabbelalter heraus. Mutti und Vati gehen den ganzen Tag herum und spitzen die Ohren. Ich glaube, sie warten darauf, daß ich anfange zu sprechen. Also ganz richtig mit Wörtern, die man zum Schreiben und Lesen verwenden kann, und zum Schimpfen. Als Mutti mir neulich etwas zu essen gab, und ich mit der Hand in den Teller klatschte, damit der Brei sich besser über den ganzen Tisch ausbreiten konnte, sagte ich plötzlich: »Uaaaiihhh!«

Eigentlich meinte ich damit nichts Besonderes. Nur das, was man eben meint, wenn man »Uaaaiihh« sagt, aber Mutti wurde völlig elektrisiert und rief Vati zu, daß ich mein erstes Wort gesagt hatte.

»Er sagte Mama! Ganz deutlich. Das steht außer Frage!«

Mutti war sehr, sehr begeistert. Fast genauso begeistert wie eben Vati, als wir zusammen spielten. Da sagte ich: »Aaaiiihh!«

Da hättet ihr ihn aber sehen sollen! Mutti war gerade im Garten, und er stürzte wie der Blitz auf den Balkon und rief ihr zu, so daß man es fast im ganzen Viertel hören konnte:

»ER SAGTE VATI!«

Es war so etwas wie eine Weltsensation. Jedenfalls rief er es mit Großbuchstaben!

Mmh . . . es schmeckt gut, 1 Jahr alt zu werden!

Herzlichen Glückwunsch zu meinem Geburtstag

Heute war mein Geburtstag. Ich weiß nicht, wie alt ich geworden bin, es war jedenfalls das erstemal, daß ich bei meinem Geburtstag dabei war. Das war lustig. Ich bekam einen großen Geburtstagskuchen mit einer Kerze drauf. Vati hatte ihn gebacken, aber als er ihn in den Ofen gesetzt hatte, schmolz die Kerze, und dann sagte Mutti, das müsse sie wohl besser übernehmen. Ich durfte dann auch zuerst den Kuchen schmecken, ich schmeckte Sahne im ganzen Gesicht, und alle fanden es sehr lustig. Obwohl ich mir an der neuen Kerze die Finger verbrannte und ein kleines bißchen weinte, während meine Oma daraufpustete. Sie sagte, es sei falsch gewesen, eine Kerze auf den Kuchen zu tun. Sie selbst tut auch nie Geburtstagskerzen auf ihre Torte.

»Wenn ich Geburtstag habe«, sagte sie, »dann soll es ein Fest sein. Kein Fackelzug!«

Mein großer Bruder war auch gerade auf einem Geburtstag. Er kam heulend nach Hause.

»Ich durfte so viel Limonade trinken, wie ich wollte«, heulte er, »und so viele Stücke Sahnetorte und Würstchen essen, wie ich konnte ... und das konnte ich nicht!«

So lieb war ich heute!

Ein ganzer Tag ohne Ärger

Endlich hatte ich einmal einen guten Tag. Die ganze Zeit war eitel Sonnenschein. Kein einziges Mal hat Mutti mit mir geschimpft. Kein Ärger auf dem Wickeltisch, kein Ärger, als ich schlafen sollte, kein Ärger beim Essen. Ich konnte sogar fast alleine mit dem Löffel essen. Das heißt, zuerst versuchte ich, mit der Gabel zu essen, aber das klappte nicht, denn die war undicht. Aber mit dem Löffel konnte ich meinen Brei fast richtig essen. Jedenfalls hatte ich einen ganzen Löffel voll im Ohr und einen in den Haaren. Mutti sagte selbst, daß ich auf dem richtigen Weg bin. Jetzt hoffe ich nur, daß ich auch den Rest des Tages so lieb sein kann. Vati meint, es ist schon fast ein neuer Weltrekord. Es ist auch alles viel einfacher geworden, seit ich krabbeln kann. Es gibt so viel zu sehen und zu entdecken und zu untersuchen, wenn man auf dem Fußboden herumkrabbelt. Ich bin nur nicht ganz sicher, was Mutti sagen wird, wenn sie hereinkommt und sieht, daß ich die Vase mit ihren neuen Blumen umgeworfen habe. Aber ich habe bloß die roten Blumen aufgegessen. Die anderen habe ich nur in ihre Einzelteile zerlegt.

Was soll's, das muß ja nicht die gute Stimmung im Hause kaputtmachen, oder?

Willy Breinholst

Guck mal, *Mami!* Guck mal, *Papi!*

Ins Deutsche übertragen
von Wiebke Bösche
Illustrationen: Mogens Remo

Meinem kleinen Bruder gehört auch etwas

Es gibt so viel, was ich nicht sagen darf. Ich darf nicht »mein Zimmer« sagen. Ich darf auch nicht »mein Sandkasten«, »meine Schaukel« oder »mein Wellensittich« sagen. Ich darf eigentlich fast nie sagen, daß etwas meins ist. Ich soll *unser* Zimmer, *unser* Sandkasten und *unser* Wellensittich sagen, weil alles auch Michael gehört. Der ganze Wellensittich gehört also nicht Michael, nur der halbe. Der Wellensittich gehört uns beiden zu gleichen Teilen, sagen meine Mami und mein Papi.

»Was dir gehört, gehört auch Michael«, sagte meine Mami heute morgen, als ich fragte, wer meine neuen Schlümpfe gesehen hätte, die ich von Oma gekriegt hatte.

»Das sind nicht alles deine Schlümpfe«, sagte meine Mami. »Die Hälfte gehört Michael. Wann lernst du endlich, daß nicht alles hier im Haus dir allein gehört!? Was ihr zusammen habt, gehört euch beiden. Ihr seid doch Brüder, und für Brüder heißt es ›brüderlich‹ teilen!«

Ich hatte keine richtige Lust mehr, meiner Mami zuzuhören. Ich hatte auch keine Zeit, denn ich suchte etwas, das ich ganz schnell finden mußte. Mein Papi wartete nämlich, um mich – also *uns* – in den Kindergarten zu fahren.

»Was suchst du denn jetzt?«

»Meine . . . *unsere* Hose!«

Und jetzt lies das ganze Buch nochmal von hinten, Papi!

Gutenachtgeschichten müssen gut sein

Ohne eine Gutenachtgeschichte kann ich überhaupt nicht einschlafen! Aber solche, die mein Opa erzählt, mag ich nicht. Als ich gestern abend ins Bett ging, sagte ich:

»Du mußt mir eine Gutenachtgeschichte erzählen, Opa!«

»Was für eine denn?«

»Das ist ganz egal, sie muß aber gut sein.«

»Es war einmal ein kleines Mädchen, das hieß Rotkäppchen. Es wollte seine Großmutter besuchen. Aber als es in den Wald kam, hatte der Wolf die Großmutter gefressen. Gute Nacht und schlaf gut!«

Wenn mein Opa mir so eine Gutenachtgeschichte erzählt, habe ich hinterher gar keine Lust einzuschlafen. Dann will ich mir lieber die Geschichte selbst erzählen, mit meinen eigenen Worten. Ich kann mir nämlich ganz allein herrliche Gutenachtgeschichten erzählen. Aber gestern abend, als ich mir das Märchen von Rotkäppchen selbst erzählte, ganz richtig also, da kriegte ich plötzlich Angst, und ich fing an zu weinen und lief zu meiner Oma.

»Aber mein kleiner Schatz«, sagte sie, »was ist denn los?«

»Ich habe mir selbst eine Gutenachtgeschichte erzählt.«

»Ja, aber das ist doch kein Grund zum Weinen.«

»Doch, ich habe so 'ne Angst gekriegt . . . das war die mit Rotkäppchen und dem Wolf und der Großmutter.«

»Das ist doch nur ein Märchen!«

»Ich weiß . . . aber plötzlich war ich ganz sicher, daß der Wolf auch mich fressen wollte!«

Das war 'ne tolle Schlacht . . . die anderen haben ihr Zeug aber noch viel mehr zerrissen!

Wasserpfützen sind herrlich

Wasserpfützen sind mit das schönste Spielzeug. Das Gute dabei ist, daß man nicht ganz hineinsinkt, so wie im richtig großen Wasser am Meer. Man taucht nur etwas ein, dann macht es platsch und das Wasser spritzt nach allen Seiten, vielleicht auf Michael, Stefan oder Susanne. Das macht richtig Spaß! Die springen dann nämlich auch in eine Pfütze, dann macht es wieder platsch, und man kriegt selbst ein paar Spritzer ab. Dann springt man selbst wieder in seine eigene Pfütze, so daß Michael, Stefan oder Susanne ganz voll werden mit Matsch, Wasser und all dem herrlichen Dreck, den es noch in einer richtigen Pfütze gibt. Aber wenn man noch gar nicht mit den Pfützen zu Ende gespielt hat, ist man ja schon ziemlich naß und schmutzig. Das ist ja nicht so gut, wenn man sein neues Zeug anhat. Das hatte ich gestern an, als ich bis obenhin voller Dreck war. Ich lief ganz schnell nach Hause. Fast hätte ich Frau Sanders umgerannt.

»Na, du hast es aber eilig! Wohin so schnell?« sagte sie.

»Nach Hause zu Mami, sie gibt mir 'n Hintern voll, weil ich mein neues Zeug schmutzig gemacht habe.«

»Na so was, du läufst ja direkt, um den Hintern voll zu kriegen.

»Ja, denn ich muß vor Papi zu Hause sein, sonst gibt *er* mir nämlich den Hintern voll!«

Ich habe keinen Hunger mehr! Was gibt's zum Nachtisch?

Fischklöße mag ich nicht

Ich plaudere gern, wenn wir essen. Dann geht die Zeit so schön rum. Man vergißt ganz, seine Fischklöße zu essen. Das ist prima, denn Fischklöße mag ich nicht. Als wir gestern bei Tisch saßen, dachte ich an meinen Geburtstag. Daran denke ich so gern.

»Papi«, sagte ich, »kommt wohl mal ein Jahr, wo ich zweimal Geburtstag habe?«

»Nein, du hast am 2. April Geburtstag und damit basta!«

»Und wenn nun plötzlich im Sommer noch ein 2. April kommt?«

»Das ist unmöglich. Aber iß jetzt ... und sei still!«

»Ob die armen Kinder in Afrika gern Fischklöße mögen?«

»Ja, sicher, aber ...«

»Sollten wir ihnen dann nicht meine Fischklöße hinschicken?«

»Iß jetzt deine Fischklöße ordentlich und rede nicht so viel.«

»Kann die Post nicht meine Fischklöße an einen lieben kleinen Jungen in Afrika als Geburtstagsgeschenk schicken?«

»Ja, das könnte die Post schon, aber ...«

Ich stand auf und ging zur Tür.

»He, wo willst du hin?«

»Bloß eben in den Keller und einen Pappkarton holen, um meine Fischklöße einzupacken.«

Ich will beim Essen nicht gestört werden!

Ich bin viele Millionen wert

Mein kleiner Bruder und ich sind viele Millionen wert. Meine Mami hat es selbst gesagt. Sie erzählte meinem Papi, daß sie im Radio von einem kleinen Jungen gehört hätte, der von ein paar schrecklichen Männern entführt worden war. Und wenn die Eltern ihren kleinen Jungen wiederhaben wollten, dann sollten sie eine Million Mark in die Bahnhofstoilette legen. Das klang sehr spannend, als sie das erzählte. Hinterher fragte ich:

»Ich und Michael, wieviel sind wir für dich und Papi wert?«

»Ihr seid sehr, sehr viel wert.«

»Ja, aber wieviel sind wir wert in Geld?«

»Das kann man nicht in Geld ausrechnen, mein Schatz.«

Meine Mami hob mich hoch und drückte mich an sich.

»Sind wir eine Million wert?«

»Viel mehr, mein Liebling.«

»Sind wir hunderttausend Millionen Trillionen wert?«

»Ja, mindestens!«

»Sind wir alle Säcke Geld wert, die es auf der ganzen Welt gibt?«

»Ja, jeden einzelnen Sack.«

Ich überlegte etwas, und dann hatte ich plötzlich eine gute Idee.

»Mami, wenn wir dir und Papi wirklich so viel wert sind, könnten wir dann nicht einen Vorschuß für ein großes Eis kriegen?«

Nun muß ich aber aufhören, mein Liebling, ich muß ins Bett!

Wer ist am Apparat?

Ich bin jetzt schon so groß, daß ich den Telefonhörer abnehmen kann, wenn jemand anruft. Ich kann auch selbst die Nummer von meiner Oma und meinem Opa wählen, wenn mir nur jemand zeigt, welche Zahlen ich rumdrehen muß. Ich kann auch ganz andere Nummern wählen und alle möglichen Leute in der ganzen Welt anrufen. Aber das darf ich nicht. Ich tue es auch nur manchmal, wenn ich mit Michael ganz allein im Wohnzimmer bin. Einmal, als ich ganz zufällig irgendeine Nummer wählte, kriegte ich doch etwas Angst. Seitdem habe ich keine Nummern mehr gewählt. Als ich die Nummer gewählt hatte, sagte ein Mann:

»Hallo . . . hallo? Wer ist am Apparat?«

Es klang ein bißchen ärgerlich, ich wagte also nur ganz leise zu sagen: »Ich bin es nur, wer . . . wer bist du?«

Da sagte der Mann ganz laut: »Ich bin der liebe Gott. Wolltest du was von mir?«

Aber mir fiel nichts ein, dann legte ich schnell den Hörer auf. Michael fragte, wer da war.

»Das war nur der liebe Gott«, sagte ich. »Aber nichts zu Mami sagen!«

Es war ja nicht gesagt, daß der liebe Gott vor der Abendgebetzeit von uns gestört werden wollte!

Sehe ich nicht wie ein artiger Junge aus, der etwas Geld für ein großes Eis verdient hat?

Wir spielen Zahnarzt

Uff, heute war ich mit Mami beim Zahnarzt! Ich bin jedes Mal froh, wenn wir ihm »Auf Wiedersehen« sagen können. Aber ich heule nicht, wenn ich auf dem Zahnarztstuhl sitze, obwohl mir sehr danach ist. Bevor wir losgingen, sagte meine Mami, ich brauchte keine Angst zu haben. Hatte ich auch nicht, nur ein bißchen, als ich wartete. Dann ein bißchen, als ich eine Schürze vorkriegte, um den Mund zu spülen. Natürlich auch ein bißchen, als der Zahnarzt kam. Und schließlich als er sagte, ich sollte den Mund aufmachen. Aber sonst nicht. Er hat auch gar nicht gebohrt, sondern nur gesagt: »Keine Löcher!« Dann meinte er, ich wäre ein tapferer Junge. Aber das hörte nur meine Mami, denn ich war schon draußen auf der Treppe.

Als wir nach Hause kamen, spielten ich und Michael Zahnarzt. Ich war der Zahnarzt, und Michael sollte alle Zähne gebohrt kriegen. Aber als er auf dem Stuhl saß und ich »Bitte spülen« sagte, wollte er seinen Mund nicht aufmachen. Er hatte Angst vor dem Korkenzieher, mit dem ich bohren wollte. Dann fing er an zu heulen.

»Na, dann eben nicht«, sagte ich. Ich rief die Treppe hoch nach der alten Tante Johanna, die gerade auf Besuch da war.

»Tante«, rief ich, »wir spielen Zahnarzt, aber uns fehlen ein paar Zähne. Kannst du uns eben dein Gebiß runterwerfen?«

Guten Morgen, ihr beiden . . . und herzlichen Glückwunsch zu meinem Geburtstag!

Ein wunderschöner Geburtstag

Ich bin am 2. April geboren, gerade an meinem Geburtstag. Stefan ist gestern geboren. Vor drei Jahren also. Gestern war ich zu seinem Geburtstag. Das war toll. Wir durften soviel Kakao trinken, wie wir wollten, aber das schaffte ich überhaupt nicht. Immerhin waren es doch vier Tassen, außer der einen, die ich über den ganzen Tisch verschüttete und der anderen, die ich stehenließ und der allerersten, die Olaf mir wegschnappte. Ich aß auch fast eine halbe Torte mit massenweise Schlagsahne, ganz abgesehen von dem Riesenklacks Schlagsahne, den ich Stefan auf den Kopf klatschen mußte, um mal Ruhe zu kriegen, weil er Marmelade in mein Haar geschmiert hatte. Nach dem Kuchenessen goß ich vier rote Limonaden in mich rein. Zum Schluß verdrückte ich drei Riesen-Bockwürste, schmierte 'ne Menge Senf und Ketchup auf die Würste, auf die Finger und auf das Kleid von Stefans Mami und auf mein neues, weißes Hemd. Aber dann konnte ich auch wirklich nicht mehr!

»Uff«, sagte ich und hielt mir den Bauch.

»Willst du nicht noch eine Bockwurst, bevor du nach Hause gehst?« fragte Stefans Mami. Sie sagte sehr deutlich »bevor du nach Hause gehst«. Dann holte sie meine Parka.

»Nein«, sagte ich. »Ich kann nicht mehr. Mein Bauch ist voll!«

»Möchtest du dann nicht ein bißchen Lakritzkonfekt in deine Taschen mit nach Hause haben?«

»Nein«, sagte ich, »die sind auch voll.«

Warum muß ich immer ins Bett, wenn es euch paßt . . . und nie, wenn es mir paßt?

Woher kommt das Geld?

Ich soll meinen Mund halten, wenn wir essen. Das finde ich blöde, denn das ist doch das einzige Mal am ganzen Tag, wo wir alle zusammen sind, wo ich meinen Papi und meine Mami fragen kann und sie Zeit haben, mir zuzuhören und eine ordentliche Antwort zu geben. Aber gestern abend beim Essen habe ich doch gefragt:

»Papi, woher kommt das Geld?«

»Von den sogenannten Münzstätten, aber iß jetzt deine Erbsen und . . .«

»Kann man für Geld alles kaufen?«

»Ja, fast . . . außer Glück und Kinder, die beim Essen nicht so viel fragen.«

»Mami kauft nie mit Geld, nur mit Schecks. Warum ist es gut, viel Geld zu haben?«

»Dann braucht man nicht all die langweiligen Dinge zu machen, aber sei jetzt still, solange du . . .«

»Der Bundespräsident, Papi. Hat er hundert Säcke Geld?«

»Das glaube ich kaum. Man trägt sein Geld nicht in Säcken umher, aber jetzt . . .«

»Onkel Dagobert, der reiche Onkel von Donald Duck, der hat doch immer sein Geld in vielen Säcken. Onkel Dagobert hat hundert Säcke Geld.«

»Das hat er bestimmt nicht.«

Ich sprang vom Stuhl und lief zur Tür.

»Du bleibst hier!«

Natürlich darf ich nicht meine Mickymaus-Hefte holen und beweisen, daß meine Behauptung wahr ist. So sind die Erwachsenen!

Muß ich unbedingt baden? Kannst du mich nicht bloß ein bißchen staubsaugen?

Ich kann buchstabieren

Ich kann schon etwas buchstabieren. Richtige Wörter. Solche, die man beim Reden braucht, und wenn man Petzi-Bücher liest. Ich kann meinen Namen buchstabieren. J-a heißt Ja, k-o-b heißt kob, und das gibt Jakob. Aber mein kleiner Bruder kann nicht buchstabieren. Er ist noch zu klein, und auch, weil er Michael heißt. In Michael sind zu viele Buchstaben, sieben Buchstaben, manchmal auch sechs. Wenn wir »Michel« rufen. Aber meistens sagen wir »Micha«, dann sind es nur fünf. Das ist ziemlich schwer. Heute morgen, als wir uns die Zähne putzten, brachte ich ihm das schwerste Wort der Welt bei. Es stand auf der Zahnpastatube: PEPSODENT! Erst habe ich es selbst ganz viele Male buchstabiert. Als ich es konnte, fragte ich Michael, ob er auch lernen wollte, das schwerste Wort der Welt zu buchstabieren. Das wollte er gern.

»Also los«, sagte ich, »p-e-p heißt pep . . . s-o heißt so, d-e-n-t heißt dent . . . heißt Pep-so-dent!«

Wir buchstabierten es immer wieder. Schließlich konnte er es tatsächlich. Mensch, der ist vielleicht in die Küche gerannt zu Mami und hat sie am Kleid gezogen, daß sie einmal rumwirbelte und ein großer Klacks Butter vom Messer auf die Küchenuhr flog!

»Mami . . . Mami«, rief er. »Rat mal, was ich kann! Ich kann ›Pepsodent‹ buchstabieren!«

Warum kommt da kein Wasser raus, wenn ich den Hahn aufdrehe?

Ein Globus ist ein schönes Spielzeug

Ich darf unseren großen Globus nicht in einer irren Fahrt rumsausen lassen, so daß alle Länder losjagen und zu einem einzigen riesengroßen Land werden. Jedesmal, wenn ich den Globus richtig rumkreisen lasse, werde ich ausgeschimpft. Aber nicht, wenn ich ihn noch schnell anhalten kann, bevor mein Papi oder meine Mami es sieht und ich dann so tue, als suchte ich irgend etwas, so wie vorhin.

»Was suchst du denn?« fragte mein Papi.

»Das größte Land der Welt«, sagte ich. »Welches ist das größte Land auf der Welt?«

»China«, sagte mein Papi. »In China wohnen über 700 Millionen Chinesen.«

»Sind das viele?«

»Ja, und ob! Das sind so viele, daß jedesmal, wenn du oder ich oder Michael atmet, ein neuer kleiner Chinese geboren wird.«

»Mensch!«

Dann sprachen wir nicht mehr darüber. Aber dann fiel es meinem Papi auf, daß Michael zwischen all seinem Spielzeug saß und dabei immer so komisch Luft holte.

»Sag mal, was machst du denn da?«

»Ich?« sagte Michael und holte noch mal tief Luft. »Ich mache kleine Chinesen!«

Du, Mami . . . haben wir eine Tube Uhu im Haus?

Woher kommt der Wind?

Ich lerne gerade, woher der Wind kommt. Ich weiß wohl, daß er oben im Himmel gemacht wird. Also nicht vom lieben Gott, sondern von den Himmelsrichtungen. Daher kommt der Wind nämlich. Am Wimpel von unserer Fahnenstange kann ich sehen, ob der Wind von Osten oder von Westen kommt. Mein Papi hat mir das alles erklärt. Aber das ist verdammt schwierig. Wenn der Wimpel nach Süden weht, kommt der Wind von Norden. Wenn er etwas schräg steht, kommt der Wind von Nordwesten. Manchmal kommt er auch von Südwesten. Aber er kommt nie von Südnorden! Aber er kann wohl von Nordosten kommen. Und dann kann er in vollem Tempo durch die Küchentür kommen, daß die Gasflamme ausgeht und meine Mami ruft: »Mach doch die Tür zu, Junge!«

Wenn sie das ruft, kommt der Wind genau von Norden. Das habe ich schon gelernt. Aber gestern wußte ich nicht, woher der Wind kam, weil er nach unten wehte. Ich mußte meinen Papi fragen.

»Papi, woher kommt der Wind, wenn er nach unten weht?«

»Nach unten?« fragte er. »Wieso nach unten? Im Augenblick rührt sich doch überhaupt kein Wind!«

»Doch«, sagte ich und zeigte auf den Wimpel an der Fahnenstange. »Guck mal . . . er weht nach unten!«

Und wirklich. Der Wimpel hing direkt an der Fahnenstange runter.

Rat mal, wie viele Flaggenleinen die Leute in unserer Gegend haben!

Ich kann alle möglichen Tiere malen

Ich kann fast alle Tiere malen. Einen Hund, eine Katze, einen Wellensittich, einen Kobold, einen Löwen und einen Elefanten. Ich habe mir auch einen ganz besonderen Elefanten ausgedacht. Er hat einen Rüssel an beiden Enden. Tja, wenn er sich nämlich umdrehen will und keine Lust dazu hat, braucht er es nicht zu tun!

Michael kann auch malen, am liebsten auf der Tapete: Aber es sieht nicht immer wie ein bestimmtes Tier aus. Neulich wollte ich ihm zeigen, wie man eine Kuh malt. Wir konnten auch alles gut malen, was zu einer Kuh gehört, den Körper, die Beine, den Kopf und die Hörner, aber als ich zum allerwichtigsten kam, da wußte ich nicht richtig weiter. Da mußte ich zu meiner Mami in die Küche, damit sie mir helfen konnte.

»Mami«, sagte ich, »wie viele Sorten Milch gibt es?«

»Es gibt viele Sorten Milch. Es gibt Vollmilch, Buttermilch, Magermilch und Dickmilch, die ihr morgens kriegt. Dann gibt es Trockenmilch, Babymilch und noch andere. Aber warum fragst du?«

»Weißt du, ich male gerade eine Kuh für Michael. Ich wollte bloß eben wissen, wie viele Milchhähne ich an die Kuh malen soll.«

Waschen? Ein Babysitter hat die Aufgabe, mich ins Bett zu legen . . . und nicht, mich zu waschen!

Man darf doch wohl fragen?

Wenn ich abends ins Bett muß, habe ich immer so viel zu fragen, aber ich kriege fast nie eine richtige Antwort, denn meine Mami interessiert es immer viel mehr, daß ich schnell ins Bett komme.

»Mami«, sagte ich, als ich gestern abend nackt rumlief und meinen Pyjama suchte, »wenn ich nie Zeug anhätte, könnten mich dann alle Leute sehen?«

Beim Zähneputzen fragte ich: »Mami, wenn ich und Michael erwachsen sind, sind wir dann Menschen?«

Als ich ein bißchen weinte, weil ich meinen Finger eingeklemmt hatte, sagte ich: »Wie kommt es, daß meine Augen immer weinen, wenn sie Kummer haben?«

Und als ich die Kerze auf dem Sofatisch auspusten durfte, pustete ich viele Male, ohne daß sie ausging: »Wie kommt es, Mami, daß die Flamme immer Angst kriegt, wenn ich puste?«

Und als meine Mami mich auf die Fensterbank hob, damit ich dem Mond gute Nacht sagen könnte, sagte ich: »Wenn es dunkel ist, kann es da nicht passieren, daß ein Flugzeug plötzlich in eine Schar Engel fliegt?«

Und als ich im Bett lag und meine Mami mir vorgelesen hatte, fragte ich: »Wie kommt es, daß ich vom Gähnen immer so müde werde?«

Also wirklich, es gibt doch so viel, was man gern wissen will. Nicht?

Darf denn meine weiße Maus bald nirgendwo sein?

Michael hat Masern

Michael hat die Masern. Zuerst lag er bloß in seinem Bett und wollte gar nicht spielen. Er wollte auch nicht essen, obwohl meine Mami ihm alles mögliche Leckere machte.

Ich sehe nicht ein, warum er so verwöhnt wird, bloß weil er diese blöden Masern hat.

Gestern ging es ihm etwas besser, und heute ging es ihm viel besser, als meine Oma ihm Schokolade mitbrachte. Sie hatte auch ein Stück für mich, aber als ich es nehmen wollte, sagte meine Oma: »Halt, stopp, mein Kleiner, findest du nicht, wir sollten Michael zuerst nehmen lassen? Er hat doch Masern!«

Also kriegte Michael zuerst. Und natürlich nahm er sich das größte Stück.

Auch von meiner Mami wird er verwöhnt. Als ich vorhin vom Spielplatz reingelaufen kam, saß er im Bett und schleckte ein großes Eis am Stiel. An dem Papier, das auf der Bettdecke lag, konnt ich sehen, daß er auch Schokolinsen gefuttert hatte.

»Hör mal«, sagte ich sehr laut und sehr böse, »soll ich gar nichts kriegen?«

»Laß doch!« sagte meine Mami. »Du brauchst doch nicht unbedingt auch immer etwas zu kriegen, wenn Michael etwas kriegt. Du weißt doch, er hat Masern.«

Ich blieb eine Weile am Bett stehen und guckte zu, wie er sein Eis schlabberte.

»Mami«, sagte ich dann, »wenn Michael mit den Masern fertig ist, darf ich sie dann auch kriegen?«

Immerhin ein Trost, daß Stefan fast ebensoviel blutet, nicht?

Bin ich nur im Wege?

Manchmal habe ich so ein merkwürdiges Gefühl, als ob ich meiner Mami und meinem Papi nur im Wege bin. Wenn sie von der Arbeit nach Hause kommen und wenn sie mich vom Kindergarten abgeholt haben und mit mir durch den Supermarkt getrottet sind, und wenn sie dann nach Hause kommen und schnell das Essen machen, weil wir Bärenhunger haben und nicht so lange auf das Essen warten wollen, dann darf man ihnen möglichst nicht in die Quere kommen, weil sie dann böse werden. Sie haben überhaupt keine Zeit hinzugucken, was man spielt. Die beiden sind dann ganz unausstehlich. Aber wenn man den ganzen Tag in diesem blöden Kindergarten gewesen ist und endlich zu seinem Papi und seiner Mami nach Hause kommt, dann will man ihnen doch vielleicht irgendwas erzählen! Aber das verstehen sie überhaupt nicht.

»Mami«, versuchte ich vorhin, meine Mami zu locken, als sie gerade das Hackfleisch in die Bratpfanne tat, »kannst du mir nicht eben das neue Buch aus der Bücherei vorlesen?« Sie hatte keine Zeit.

Ich blieb stehen und überlegte etwas, dann sagte ich: »Mami, möchtest du, daß ich ein Luftballon wäre?«

»Ein Luftballon?«

»Ja, wenn ich ein Luftballon wäre, dann könntest du doch einfach die Luft aus mir rauslassen und mich auf den Schrank legen und brauchtest mich bloß aufzupusten, wenn du mich brauchst.«

**Habe ich dir denn nicht einen Lolli gekauft? . . .
Okay, mach also ein frohes Gesicht, Junge!**

Wir dürfen nicht um Schokolade betteln

Ich und Michael mögen meinen Opa und meine Oma sehr gern besuchen. Oma gibt uns immer Schokolade, die sie in einem Schrank in der Küche versteckt hat. Aber wenn wir Oma besuchen, sagen mein Papi und meine Mami immer: »Ihr dürft nicht um Schokolade betteln! Ihr sprecht gar nicht darüber, verstanden?«

Na ja, natürlich haben wir das verstanden. Gestern nachmittag haben wir Oma zusammen mit meiner Mami besucht. Wir kriegten Kakao und ein paar Kuchen, die Oma selbst backt. Einige davon schmecken ganz gut. Meine Mami und meine Oma unterhielten sich, ich und Michael spielten, dann sagte meine Mami, nun müßten wir wohl nach Hause. Siebenmal waren ich und Michael draußen in der Küche und tranken Wasser und guckten jedesmal zum Küchenschrank hoch, wo die Schokolade drin war, aber wir sagten nichts. Und Oma sagte auch nichts. Ich hatte Angst, daß sie es vergessen hätte. Ich wollte gerade fragen, ob sie nicht was Schönes für uns hätte, als ich meiner Mami ansehen konnte, daß ich meinen Mund halten sollte.

Aber dann kriegte ich es doch noch hin. »Oma«, sagte ich, zog sie zu mir runter und gab ihr einen kleinen Kuß auf die Wange, »vielen Dank für das große Stück Schokolade, das ich und Michael letztes Mal bei dir gekriegt haben!«

Wollt ihr auch mal Mamis neue Torte testen?

Kartoffelpuffer schmecken gut

Kartoffelpuffer sind mit das schönste und gesündeste Essen, das ich und Michael kriegen können. Wir probieren immer, wer die meisten essen kann. Gestern aßen wir jeder ganz schnell vier. Wir taten eine Menge Apfelmus drauf, bevor wir sie verschlangen.

»Ich könnte noch einen essen«, sagte ich und aß noch einen. Das konnte Michael auch. Dann wurde es spannend. Ich aß den sechsten, und auch Michael aß Nummer sechs.

Dann aß ich den siebten. Auch Michael aß Nummer sieben.

»Uff!« machte er.

»So, für heute könnt ihr aber wirklich nicht mehr«, sagte meine Mami.

»Doch, ich schon!« sagte ich und schaffte noch einen. Michael schaffte auch noch einen. Einen kleinen. Bei ihm dauerte es länger als bei mir. Dann verschnaufte er etwas und hielt sich den Bauch. Dann aß ich noch einen. Michael wollte auch noch einen haben, aber meine Mami nahm ihm den Teller weg und sagte: »Jetzt reicht es, wenn du noch mehr ißt, mein Schatz, dann explodierst du ja!«

Das klang spannend.

»Gib ihm den Teller, Mami«, sagte ich, »und dann gehen wir in Deckung!«

Das ist ein Bückling für Muschi . . . den hat mir der Fischhändler gegeben . . . hab' ihn bloß vergessen!

Ich kann nie etwas finden

Am Morgen, wenn ich mich waschen und anziehen, frühstücken und mich fertigmachen soll, damit wir in den Kindergarten können, dann passiert es manchmal, daß nichts dort ist, wo es sein soll, wenn ich es brauche.

»Mami, wo ist der eine Strumpf von mir?«

»Wohl da, wo du ihn gestern abend hingeworfen hast. Such doch!«

»Das habe ich schon.«

»Dann such noch mal. Beeil dich jetzt!«

Dann muß ich suchen, bis ich ihn finde – oder einen von Michaels nehmen. Aber dann kann ich die Zahnpasta nicht finden.

»Mamiii ... wo ist die Zahnpasta?«

»Das weiß ich wirklich nicht ... such mal!«

Also suche ich danach. Wenn ich sie finde, putze ich meine Zähne. Wenn ich sie nicht finde, dann sage ich einfach, ich hätte sie schon geputzt. Aber dann kann ich die Zuckerdose für meinen Milchbrei nicht finden.

»Mami ... wo ist der Zucker?«

»Der steht wohl an seinem Platz ... such doch!«

Dann suche ich den Zucker. Wenn ich ihn finde, esse ich meinen Milchbrei. Sonst sage ich einfach, ich hätte keinen Hunger.

Auch meine Handschuhe kann ich nicht finden.

»Such sie doch!« sagt meine Mami. »Aber beeil dich! Wir fahren jetzt los!«

Dann suche ich sie, aber puh ha ... was sollte ich bloß machen, wenn ich mich nicht hätte!

Rat mal, welche Fensterscheibe ich kaputtgeschlagen habe, ohne daß ich etwas dafür konnte!

Ich mag so gern Knäckebrot

Jeden Abend bete ich mein Abendgebet. Aber ich bete kein Morgengebet. Tagsüber komme ich ohne aus. Ich habe schon oft meine Mami gefragt, wann ich groß genug bin, damit ich abends nicht mehr zu beten brauche. So was soll ich nicht denken, sagt sie, sondern brav die Hände falten und mein Vaterunser beten. Das tue ich dann. Aber manchmal bleibe ich stecken, wenn ich zu der Stelle komme: »Unser tägliches Brot gib uns heute.« Ich darf nicht sagen »Knäckebrot«, obwohl ich das am liebsten mag. Meine Mami sagt, daß der liebe Gott ja kein Bäcker ist, daher kann er nicht entscheiden, was für ein Brot er mir geben will. Ich darf auch nicht über die letzten Strophen hinjagen, obwohl das Vaterunser sehr lang ist. Ich darf nicht sagen:

– »Denn Dein ist das ReichunddieKraftunddieHerrlichkeitinEwigkeitAmen.

Aber ich darf schon beten, daß ich ein lieber, artiger Junge sein will: »Morgen den ganzen Tag, denn übermorgen ist mein Geburtstag!«

Gestern abend, als ich brav mein Vaterunser gebetet hatte, ohne zu jagen oder zwischendurch dumme Fragen zu stellen, schloß ich auf eine ganz besondere Weise, aber meine Mami machte doch eine kleine Bemerkung und sagte, daß das nicht dazugehörte. Ich sagte nämlich: »Denn Dein ist das Reich und die Kraft und die Herrlichkeit in Ewigkeit. Und hiermit schließen wir und sprechen uns wieder morgen zur selben Zeit. Nun sagt Jakob: Amen. Gute Nacht – Gute Nacht!«

Wußtest du, daß ein Elefant sechs Beine hat? Zwei Vorderbeine, zwei Hinterbeine und zwei Elfenbeine!

Ich rede zuviel

Drei Dinge darf ich nicht, wenn wir zu Tisch sitzen. Ich darf nicht den Kopf auf den Arm stützen. Ich darf nicht mit dem Essen spielen. Und ich darf nicht soviel reden. Manchmal vergesse ich etwas davon. Gestern fragte ich: »Mami, kann man einen Fußball von hier aus bis nach Afrika schießen?«

»Nein, aber sei jetzt still und iß deinen Kartoffelbrei und . . .«

»Wenn man den ganz nach Afrika schießen könnte und einen Elefanten in den Hintern treffen würde, ob er dann auf die Nase fiele und einen Purzelbaum schlagen würde?«

»Du bist ein Quatschkopf . . . iß jetzt . . .«

»Klaus sagt, er kennt einen Elefanten und eine Maus in Afrika. Eines Tages hatten der Elefant und die Maus gelbe Erbsen zu Mittag gegessen. Dann legten sie sich in einen Graben zum Schlafen, aber plötzlich mußte der Elefant laut pupsen. Der Pups war so doll, daß der Staub auf dem Weg viele Kilometer weit geblasen wurde. Aber in dem Moment wachte die Maus auf. Als sie die Staubwolke sah, sagte sie: Oh, Verzeihung! Warum sagte sie das, Mami?«

Als Klaus die Geschichte draußen erzählte, lachten sie alle. Aber Mami guckte mich bloß stur an und sagte: »Laß bitte solche Wörter bei Tisch!«

Was für Wörter?

Ein Brief vom Kindergarten über mein Betragen! Aber in zehn Jahren lachen wir darüber, nicht?

Eine gute Frage

Jeden Abend, wenn ich ins Bett gehen soll, wenn ich mit meinem Teddybär rumgetobt und im Bettzeug gewühlt habe, mit Michael eine Kissenschlacht gemacht und ein bißchen mit Wasser gespritzt habe, wenn ich zum hundertsten Male ins Bett gejagt worden bin und meine Mami mir eine Gutenachtgeschichte vorgelesen hat, dann macht meine Mami das Licht aus, und wir müssen das Abendgebet sprechen, denn wenn ich gebetet habe, dann schlafe ich gut und bin ein lieber Junge. Gestern abend, als ich brav meine Hände gefaltet hatte und soweit gekommen war, wo der liebe Gott uns unser tägliches Brot geben soll, blieb ich plötzlich stecken, denn ich mußte über etwas nachdenken.

»Na«, sagte meine Mami, »wird's bald?«

»Stimmt es, daß der liebe Gott uns all unser Brot gibt?«

»Ja, mein Kind.«

»Und der Weihnachtsmann gibt uns unsere Geschenke zu Weihnachten?«

»Ja!«

»Und Papis Firma gibt uns all das Geld, was wir brauchen?«

»Ja, ja!«

»Und der Storch bringt uns, wenn wir klein sind?«

»Ja, aber warum fragst du das alles?«

»Nur so. Ich kann nur nicht richtig verstehen, wozu wir Papi haben.«

Wenn wir Vater und Mutter und Kind spielen wollen, mußt du auch mal den Kinderwagen schieben . . . das sind auch deine Kinder!

Wir spielen mit den Mondstrahlen

Im Sommer, wenn ich und Michael im Sommerhaus am Strand wohnen, dann wollen wir gern abends lange aufbleiben. Vielleicht sind mein Papi und meine Mami so beschäftigt, daß sie vergessen, uns ins Bett zu stecken, oder vielleicht spielen wir gerade so schön, oder betteln einfach um fünf Minuten mehr. Das klappt fast immer, obwohl meine Mami und mein Papi sagen, diese Rausschiebemanöver machen sie nicht mit, aber oft machen sie doch mit. Gestern abend machten sie auch mit, sie hatten uns versprochen, wir dürften aufbleiben und sehen, wie sich der Mond im Wasser spiegelt. Wir gingen also alle an den Strand und warteten auf den Mond. Vielleicht hatte er etwas Verspätung, aber das machte nichts, denn wir spielten mit Seesternen.

»Seesterne sind richtige Sterne, die ins Meer gefallen sind, dann werden sie zu Seesternen«, erklärte ich Michael. Er weiß noch nicht so viel über solche Dinge, denn er ist erst drei Jahre alt. Dann kam der Mond, und er spiegelte sich im Meer. Die Mondstrahlen tanzten und hüpften auf den Wellen und sprangen ab, wenn wir einen Stein darauf warfen. Da lachten wir. Aber dann sagte meine Mami, jetzt sollten wir ins Bett.

»Noch nicht, Mami«, bettelte ich.

»Doch, jetzt habt ihr den Mond gesehen!«

»Ja, aber wir wollen noch eben sehen, wie er auf der Rückseite aussieht!«

Wenn es stimmt, daß ihr einen toten Elefanten beerdigt, dann will ich ihn erst sehen!

Ganz allein auf der Welt

Ich und Michael haben uns heute mit einem Regenwurm angefreundet. Eine Amsel hatte ihn aus einem Loch im Rasen gepickt, aber die Amsel flog weg, ohne den Regenwurm mitzunehmen. Zuerst wollten wir ihn wieder ins Loch stopfen, aber wir konnten es nicht wiederfinden. Statt dessen legten wir ihn in einen leeren Zigarrenkasten, denn er sah sehr ängstlich und allein aus und hatte sicher keinen einzigen Freund auf der ganzen Welt. Dann wollte ich ein Honigbrot für ihn holen, aber meine Mami sagte, Regenwürmer essen nur Sand.

»Prima«, sagte ich. »Davon haben wir ja genug draußen.«

Aber dann wollte meine Mami wissen, wo wir den Regenwurm gelassen hätten.

»In einer Zigarrenkiste, und wir haben eine Schicht Gras in die Ecke gelegt, damit er weich schlafen kann!«

Meine Mami sagte, wir sollten ihn in Frieden lassen und ihm nichts tun. Also ließen wir ihn los und legten ihn auf eine Steinplatte im Garten. Aber er wußte nicht richtig, was er machen sollte und krabbelte bloß auf der Platte rum, langweilte sich und hatte Lecknase. Dann kam Stefan auf seinem Fahrrad angerast, er sah ihn gar nicht, und das eine Rad fuhr genau drüber, so daß der Wurm in zwei gleich lange Stücke geteilt wurde.

Aber das war ja wunderbar, denn jetzt hatte er endlich jemanden zum Spielen!

Komm mal gucken. Ich und Klaus haben den Hund vom Nachbarn angezogen . . . mit richtigem Zeug!

Ich habe gewonnen

Manchmal, wenn wir im Sommerhaus wohnen, helfe ich unserem Nachbarn beim Unkrautjäten im Gemüsegarten. Er hat selbst zu meiner Mami gesagt, daß ich das prima kann. Besonders gut kann ich Erdbeeren jäten, sagt er. Ich hole die reifsten und schönsten raus und stecke sie in den Mund. Dann machen wir es uns gemütlich, und unser Nachbar erzählt mir viele spannende Sachen. Er weiß alles. Einmal, als ich Erdbeeren pflückte, sagte er, daß in Afrika ganz kleine Menschen wohnen, die heißen Pygmäen.

»Die sind so klein«, sagte er, «daß sie beim Erdbeerenpflücken auf eine Leiter klettern müssen!«

So was erzählt er, aber ich weiß nicht recht, ob ich das glauben soll, bevor ich meine Mami und meinen Papi nicht gefragt habe. Gestern half ich ihm, Möhren rauszuziehen. Aber eine Möhre war so groß, daß ich sie nicht rauskriegen konnte. Da fragte ich ihn, wie tief sie in der Erde steckte.

»So gut, wie ich meine Möhren dünge«, sagte er, »können die bis zu den Chinesen reichen. Die wohnen ja auf der anderen Seite der Welt. Es kann gut sein, daß die Möhre so lang ist, daß sie bis zum Kaiser von China reicht.«

Er schielte ein wenig zu meiner Mami rüber, als er das sagte ... Aber plötzlich hatte ich die Möhre. Sie flog so hoch, daß ich auf den Hintern fiel.

»Prima, Jakob!« rief unser Nachbar.

»Ja«, sagte ich ein wenig stolz, »dabei haben alle Chinesen am anderen Ende gezogen, nicht wahr?«

Ich kann doch nichts dafür, daß sein blödes Fenster gerade da sitzt, wo ich den Fußball hinschieße!

Mein Ballon machte plötzlich bumm!

Gestern kriegten ich und Michael jeder einen großen Luftballon von meinem Papi, als wir auf dem Jahrmarkt waren.

Wir spielten damit im Garten. Wenn wir damit in die Luft sprangen, berührten die Beine gar nicht mehr den Boden. Aber plötzlich segelte mein Ballon weg, ich stürzte ihm über den Rasen nach und warf mich auf ihn, und dann – bumm – hatte ich keinen Ballon mehr. Da heulte ich laut auf und lief zu meiner Mami. Ich konnte gar nicht aufhören zu weinen, aber dann sagte meine Mami plötzlich: »Guck mal, Pluto will sich an eine Amsel ranschleichen. Ganz still, nun wollen wir sehen, was passiert ... pst!«

Ich hörte zu weinen auf, und Pluto schlich sich immer näher, aber gerade, als er hochsprang, flog die Amsel weg, sie piepste tüchtig und schimpfte Pluto aus und fluchte von oben herab, von ihrem Zweig, wo sie ihr Nest mit ihren Jungen hat, das die Katzen und unartigen Kinder nicht runterreißen dürfen. Ich lief zu Pluto und wollte ihn ausschimpfen, aber meine Mami rief mich zurück, holte ihr Taschentuch, trocknete meine Tränen ab und putzte meine Nase.

»Mami«, sagte ich, »warum habe ich geweint?«

Laß uns mal probieren, wie schnell du fahren kannst, ohne daß wir einen Strafzettel kriegen!

Ich habe etwas Angst vor Hunden

Manchmal habe ich etwas Angst vor Hunden. Ich habe keine Angst vor Plüsch, meinem Stoffhund, denn der knurrt nie und beißt nur ein bißchen aus Spaß. Ich habe auch keine Angst vor Penny, dem Hund unseres Nachbarn. Mein Papi sagt immer, der ist »einen halben Hund hoch und anderthalb Hund lang!« Ich finde, er ist ein ganzer Hund in jeder Richtung. Mein Papi findet so einen langen Hund auch praktisch. Dann können ihn nämlich alle Kinder zugleich streicheln.

Aber heute kam ein fremder Mann in unseren Garten mit einem sehr großen Hund, da kriegte ich Angst und weinte. Denn der große Hund warf mich ins Gras und beleckte mich am ganzen Kopf, bis der Mann ihn wegholte. Aber ich weinte immer noch.

»Der tut nichts«, sagte der Mann, »das ist noch ein junger Hund, der will bloß spielen.«

Aber ich lief weinend zu meiner Mami und hielt mich an ihr fest.

»Der große Hund will mich fressen«, jammerte ich.

»Unsinn, mein Liebling, der will nur spielen! Der tut nichts.«

»Doch, der will mich fressen!«

»Ja, aber warum glaubst du denn, daß er dich fressen will?«

Ich versteckte mich ganz hinter meiner Mami.

»Weil er schon an mir geschleckt hat!«

Vielen Dank für das Wasser, Papi. Aber plötzlich habe ich doch keinen Durst mehr!

Wir spielen Vogelnest

Gestern hat mein Papi die Hecke geschnitten, draußen im Garten. Er schnitt eine Menge grüne Zweige ab, ich, Michael und Susanne sammelten sie auf einem großen Haufen, und dann spielten wir Vogelnest. Michael und Susanne setzten sich mitten ins Nest, strampelten, reckten die Hälse und sperrten den Mund weit auf. Ich war die Vogelmutter und flog im Garten rum und suchte Futter, Klaus war der große Kater vom Nachbarn, der mich fangen wollte, aber ich konnte mich am Vogelnest freischlagen. Auf diese Weise rettete ich mehrere Male mein Leben. Das brachte riesigen Spaß, bis Susanne zu heulen anfing. Da rief meine Mami oben aus dem Fenster, was da los wäre.

»Wir spielen gerade so schön«, rief ich und jagte umher. »Wir spielen Vogelnest!«

»Aber warum weint Susanne denn?«

Ich mußte ganz zum Fenster hin und es erklären.

»Weil sie ein Vogeljunges ist.«

»Deshalb braucht sie doch nicht zu weinen.«

»Doch, denn sie will die Regenwürmer nicht essen, die ich ihr bringe.«

»Um Gottes willen, sie darf doch keine Regenwürmer essen!«

»Aber Mami, das sind doch keine richtigen Regenwürmer.«

»Was ist es dann?«

»Das sind rote Gummibänder. Sie sollte einen zusammen mit Michael essen, und sie kauten jeder an einem Ende . . . aber plötzlich hat Michael losgelassen!«

Wenn wir mal 'ne Maus kriegen, dann hat sie eine gute Stelle, wo sie sich verstecken kann!

Eine merkwürdige Maus

Im Sommer wohne ich manchmal bei meinem Opa und meiner Oma in ihrem Sommerhaus. Da hört man so komische Leute, weil das Sommerhaus draußen auf dem Lande liegt, wo es ganz still ist. Die merkwürdigen Laute kommen meistens am Abend, wenn ich im Bett bin. Dann kann ich nicht schlafen. Gestern abend rief ich meinen Opa.

»Was ist denn los?« fragte er.

»Auf dem Boden ist eine Maus!«

Er lauschte, aber er konnte nichts hören. Er sagte, ich sollte ruhig schlafen, dann ging er. Aber eine Weile später rief ich ihn wieder.

»Jetzt ist schon wieder eine Maus auf dem Boden, Opa!«

»Nein, ganz bestimmt nicht. Wir haben überhaupt keine Mäuse.«

»Doch, ich habe sie selbst gehört. Ganz deutlich. Sie trampelte über den ganzen Boden, gerade über meinem Kopf klopfte sie mit dem Schwanz, daß es bum-bum-bum machte . . .«

»So ein Quatsch! Eine Maus kann überhaupt nicht mit dem Schwanz klopfen, daß man es hört!«

»Doch, diese Maus konnte es.«

»Das ist ganz ausgeschlossen! . . . Schlaf jetzt brav und . . .«

»Nein, wirklich . . . das war wohl eine Maus mit Eisenschwanz.«

Dann ging mein Opa, aber heute morgen am Frühstückstisch sah er mir direkt in die Augen. Er muß wohl doch darüber nachgedacht haben, was ich über die Maus gesagt hatte, denn er faßte sich an den Kopf und sagte: »Eine Maus mit Eisenschwanz!«

Ich bin auch zu Klaus' Konfirmation eingeladen, in sechseinhalb Jahren!

Ich bin immer noch wie neu

Als ich heute morgen im Bett lag und mit Plüsch spielte, meinem großen Stoffhund, der also fast ein richtiger Hund ist, bloß nicht richtig lebendig – er kann nicht Luft holen oder selbst bellen –, da wünschte ich mir plötzlich einen neuen Stoffhund, denn Plüsch war so dumm und wild, fiel immer auf den Boden, wenn ich ihn in die Luft warf und sagte, er sollte gefälligst da oben bleiben.

»Mami«, sagte ich, als ich meinen Haferbrei aß, »ich wünsche mir einen neuen Plüsch.«

»Das meinst du doch wohl nicht im Ernst!«

»Doch, das meine ich.«

»Aber Plüsch ist doch noch gar nicht abgenutzt.«

»Das bin ich doch auch noch nicht, oder?«

»Natürlich nicht.«

»Aber trotzdem hast du ein neues Baby gekriegt, als du dir Michael gewünscht hast, obwohl ich immer noch wie neu war!«

Meine Mami sagte, das wäre ganz was anderes. Dann vergaß ich es, bis ich abends in der Badewanne lag. Da kriegte ich plötzlich Angst, denn ich entdeckte, daß ich mich abpellen konnte. Die Haut am Arm ging los, ich konnte sie abziehen.

»Mami«, rief ich, »ich bin doch schon bald abgenutzt.«

Meine Mami sagte, das läge nur daran, daß ich von der Sonne so verbrannt wäre. Dann könnte die Haut leicht abgehen. Das machte nichts. Uff . . . war ich erleichtert!

Warum kriegen wir nie Torte als Vorspeise und Torte als Hauptspeise und Torte als Nachspeise?

Warum fliegen die Schwalben so tief?

Ich frage viel zuviel, sagt meine Mami, auch gestern abend, als ich in den Garten guckte.

»Guck mal, Mami, warum fliegen die Schwalben so tief?«

»Dann kommt Regen«, sagte meine Mami.

»Fliegen die Schwalben so tief, damit sie keinen Regen abkriegen?«

»Die fliegen tief, weil . . . guck mal, jetzt regnet es.«

»Warum heißt es eigentlich Regen? Warum regnet es?«

»Damit die Blumen und Büsche und das Gras wachsen können.«

»Warum regnet es dann auch auf die Platten im Garten?«

»Oh, guck mal . . . ich glaube, jetzt kommt ein Hagelschauer.«

»Was ist Hagel, Mami? Ist das hartgekochter Regen?«

»Ja, das könnte man sagen. Aber laß mich jetzt lesen.«

»Die Fledermaus, die wir gestern abend gesehen haben, fliegt die auch tief, wenn es regnet? Und wie kann eine Maus Flügel kriegen? Ist sie dann eine Engelmaus geworden? Fliegen die Engel auch tief, wenn es regnet? Schwalben haben doch immer Flügel, nicht? Kriegen die extra Flügel, wenn sie in den Himmel kommen?«

»Sei jetzt mal ein bißchen still, Jakob! Du fragst und fragst und fragst. Kennst du nicht die Geschichte von dem kleinen Jungen, der dauernd fragte, bis er schließlich in ein Fragezeichen verwandelt wurde?«

»Ein Fragezeichen . . . oooohh! Wie konnte er dann den kleinen Punkt unter sich festhalten?«

Warum bestimmt der liebe Gott immer, daß es regnen soll, wenn ich bestimme, daß ich Fußball spielen will?

Weißt du,

was wir heute gesehen haben, Mami?

Ich und Michael gingen zu Mami in die Küche.

»Mami, als wir mit dem Kindergarten spazieren waren, sahen wir sechs Leute, die unter einem Regenschirm standen, ohne einen einzigen Tropfen Regen abzukriegen.«

»Sechs Leute«, sagte meine Mami. »Na, so was! Das muß ja ein riesiger Regenschirm gewesen sein.«

»Nein«, sagte ich, »der war überhaupt nicht groß. Das war ein ganz normaler Regenschirm, so wie deiner.«

»Wo standen die sechs Leute?«

»Sie warteten auf den Bus.«

»Na, dann standen sie vielleicht unterm Dach.«

»Nein, sie standen alle sechs mitten auf dem Bürgersteig . . . unter demselben Regenschirm.«

»Aber ein paar Leute müssen dann doch naß geworden sein.«

»Nein, keiner wurde auch nur ein bißchen naß. Weißt du, warum?«

»Nein.«

Bevor ich es sagen konnte, hatte Michael es schon verraten.

»Weil es nämlich gar nicht regnete!«

»Ätsch!« konnte ich gerade noch rufen, bevor wir aus der Küche rannten. Es bringt so einen Spaß, Mami ab und zu anzuschmieren. Das ist so ein herrliches Gefühl, wenn sie uns droht und wir dann abhauen!

Das ist gar nicht der Storch, der mit den kleinen Kindern aus Ägypten kommt. Das ist ein Jumbo-Jet . . .

Woher komme ich, Mami?

Meine Mami strickte, mein Papi füllte seinen Lottoschein aus. Da ging ich zu meiner Mami.

»Mami, woher komme ich eigentlich?«

»Das weißt du doch. Du kommst aus Mamis Bauch!«

»Ja, aber diesmal will ich ganz genau wissen, woher ich komme.«

Meine Mami ließ ihr Strickzeug sinken und sah zu Papi rüber.

»Erzähl du ihm das!«

»Ich? Können wir uns nicht noch ein paar Jahre an die gute, alte, reaktionäre Geschichte mit dem Storch halten? Es hat doch keinen Sinn, daß ich jetzt mit den Bienen und den Blüten anfange. Ich weiß ja selbst kaum noch, was die Bienen da machen. Na ja, also . . .«

»Aber Papi, ich möchte ganz genau wissen, woher ich komme. Klaus kommt aus Köln am Rhein, aber woher komme ich? Und woher kommst du? Und Mami?«

Plötzlich sahen die beiden so erleichtert aus.

»Ach so!« meinte Papi. »Ich komme aus Hannover. Da bin ich geboren. Und Mami ist in München geboren.«

»Ja«, sagte meine Mami, »und du kommst aus dem St.-Josef-Krankenhaus, Michael kommt aus der Entbindungsklinik hier am Ort. Jetzt weißt du es.«

Ich dachte etwas nach. Dann sagte ich: »Wir kommen also alle vier von verschiedenen Stellen. Ist es nicht komisch, daß gerade wir vier uns gefunden haben?«

Am meisten fehlst du uns beim Essenkochen und Putzen und solchen Sachen . . .

Ich gehe mit meinem Papi spazieren

Manchmal gehen ich, Michael und mein Papi am Sonntag spazieren. Manchmal treffen wir jemanden, den wir kennen. Letzten Sonntag trafen wir eine Dame mit einem Kinderwagen. Im Kinderwagen lag ein Baby. Mein Papi beugte sich darüber und guckte sich das Baby an. Seine Stimme klang so eifrig und ganz verkehrt, als er sagte:

»Na ja, da haben wir ja das Prachtstück. Das ist ja ein süßes kleines Ding. Und diese Augen, die rühren einem ja das Herz. Ganz die Mama! Wirklich ein allerliebstes Kind, Henriette. Ich hatte wohl gehört, daß du geheiratet hast, aber . . . hat sie schon ihren ersten Zahn? Die kleinen Beißerchen, mein Schatz? Und Grübchen hat sie! Wie die Mama. Wenn du allein laufen kannst, Kleines, dann kommst du rüber und besuchst mich mal, was? Stell dir vor, wir haben eine süße kleine Muschikatze. Kannst du schon ›Backe-backe-Kuchen‹ machen? Aber lachen kannst du schon. Ja, ja, ein richtiger kleiner Schelm. Und die Augen! Dem Blick kann man also nicht widerstehen. Sie ist ja ganz die Mama. Wie heißt sie eigentlich, Henriette?«

Die Dame guckte meinen Papi ganz stur an und sagte, ehe sie schnell weiterging:

»Karl-Heinz!«

Ich habe einen Mann in Amerika angerufen. Willst du auch mit ihm sprechen?

Ich und Michael telefonieren

Ich benutze fast nie mein Spielzeugtelefon. Ich benutze das richtige Telefon, mit dem man richtige Leute anrufen kann. Ich darf aber nicht alle Leute in der Welt anrufen, nur die, die ich kenne. Ich darf nie die Nummer selbst wählen. Eines Tages, als ich und Michael ein paar Nummern selbst gewählt hatten, hörten wir eine Damenstimme, und da liefen wir in die Küche.

»Mami«, sagte ich, »ich und Michael telefonieren. Willst du auch mal mit Helmut Schmidt sprechen?«

Meine Mami war ganz verwirrt und entschuldigte sich am Telefon, und hinterher war sie sehr böse und hatte einen roten Kopf und sagte, nun dürften wir wirklich nie mehr mit dem Telefon spielen.

Aber heute nachmittag, als ich mich langweilte, durfte ich doch Stefan anrufen und ihn fragen, ob er rüberkommen und Mikado mit mir spielen wollte. Meine Mami wählte Stefans Nummer, dann sagte ich: »Hallo, hier ist Jakob, kommst du rüber und spielst mit mir und Michael Mikado?«

Aber er kam nicht. Jedenfalls nicht gleich.

»Er hatte keine Zeit«, sagte ich und legte den Hörer auf. »Er sagt in fünf Minuten Bescheid.«

»Was macht er denn?« fragte Mami.

»Er schlägt gerade einen Purzelbaum.«

Also abgemacht, ich darf Handauflegung anwenden, wenn er ungezogen ist?!

Babysitter sind blöde

Meine Mami und mein Papi wollten weg, und wir sollten einen ganz neuen Babysitter haben: Yvonne. Sie war 13 Jahre. Meine Mami war furchtbar beschäftigt und hatte fast gar keine Zeit, sich fertigzumachen, obwohl mein Papi sagte, sie sollte sich beeilen.

»Ja, ja«, sagte sie. »Habe ich denn nun an alles gedacht für Yvonne? Zigaretten sind da und ein paar Pop-Hefte, von Jürgen habe ich die neuesten Platten und Kassetten geliehen, hier liegen Schokolade, Lakritze, Obst, kalte Colas und Sprudel. In der Küche haben wir eine Pizza, Frühlingsrollen, Hot dogs, Pommes frites und Erdnüsse. Man muß heutzutage ja ganz schönen Komfort bieten, wenn man für ein paar Stunden einen Babysitter haben will!«

Dann kam Yvonne.

»Kannst du Karate?« fragte ich. Eine Stunde später sagte ich, wenn sie ihre Aufgabe richtig gemeistert hätte, würde ich ja schon längst im Bett liegen. Aber da kriegte ich einen auf den Deckel! Ich heulte los, und sie sagte, ich sollte mich nicht so anstellen.

»Ach, hör doch auf, wenn du so tust, als ob du doll haust, dann muß ich wohl auch so tun, als ob es weh tut!«

Ich wachte auf, als meine Mami und mein Papi nach Hause kamen und fragten, wann ich ins Bett gekommen wäre.

»Um acht«, sagte Yvonne, »um halb neun und um neun und um halb zehn und um zehn und um halb elf . . .«

Heute war ein toller Tag, Mami! Wir haben dem Fräulein im Kindergarten echt einen Nervenzusammenbruch verschafft!

Willst du ein Los kaufen?

Im Kindergarten verkaufen die großen Kinder manchmal Lose für unser Sommerlager. Ich und Olaf sagten, daß wir gern jeder zehn Lose verkaufen könnten, obwohl wir in derselben Straße wohnen, also kriegten wir jeder zehn Lose mit nach Hause.

»Papi«, sagte ich, »willst du ein Los kaufen? Nur eine Mark das Stück. Du kannst zwei Stück für zwei Mark kaufen. Dann kannst du ein paar schicke Topflappen gewinnen oder auch was anderes Schönes.«

Mein Papi guckte sich die Zettel an und kaufte zwei.

»So viele Lose kannst du doch nicht verkaufen, mein Junge«, sagte er.

»Doch, wenn Olaf das kann, kann ich es auch. Olaf klingelt bei allen Leuten in der ganzen Straße!«

»Dann lauf man schnell.«

Ich lief schnell los. Als ich eine Weile später zu meinem Papi zurückkam, hatte ich fast alle verkauft.

»Guck mal, Papi, nur noch zwei Lose übrig! Ist das nicht toll? Willst du die nicht kaufen? Dann gewinne ich gegen Olaf. Er hat bloß drei verkauft.«

Da kaufte mein Papi die letzten zwei.

»Hurra!«, rief ich. »Alle verkauft!«

Ich lief zur Tür.

»Gut gemacht, mein Junge!« sagte Papi. »Aber erzähl doch mal, wem du die anderen verkauft hast.«

»Mami!«

Jetzt steht es 87:0 für mich, Michael!

Wir zerschmettern ein Fenster

Ich, Klaus, Michael und ein paar andere spielten Fußball im Garten. Plötzlich schoß Klaus einen langen, harten Ball am Tor vorbei ins Kellerfenster. Das Glas zerklirrte mit lautem Knall. Klaus mußte selbst mit zu meinem Papi und es ihm sagen.

»Klaus will gern mit dir sprechen«, sagte ich.

»Ja«, begann Klaus und fühlte sich recht elend, bis er sich warmgeredet hatte. »Ich und Jakob und die anderen spielten also Fußball, und Stefan war am Ball und stieß ihn mit einem Kanonenschuß rüber, Jakob fing ihn mit einem Köpfer und hatte ihn unter Kontrolle, dann versuchte er, sich durchzuspielen. Es stand 2:1 für die anderen, das war irre spannend, Mensch, aber dann rannte ich gegen Jakob, grätschte hart, aber ganz nach Vorschrift und kriegte den Ball. Der Linksaußen schrie, ich sollte weitergeben, aber ich sah eine Chance, ging selbst ran, versuchte durchzukommen und ihn direkt knallhart ins Tor zu schießen, um kurz vor Schluß auszugleichen, aber ich kriegte ihn nicht richtig unter Kontrolle. Trotzdem versuchte ich einen Weitschuß mit links, aber . . .«

Klaus stockte. Er guckte mich an, als brauchte er meine Hilfe.

»Okay, Papi«, sagte ich, »wenn Klaus dich langweilt, dann sprechen wir über was anderes als das blöde Kellerfenster, nicht?«

Ich sammle Limonade für durstige Kinder . . . für mich zum Beispiel!

Das neue Mädchen im Kindergarten

In unseren Kindergarten ist ein neues kleines Mädchen gekommen. Bevor sie kam, sagte Fräulein Kirsten, wir sollten sie nicht hänseln, denn sie hätte also eine andere Farbe als wir anderen Kinder. Wir waren alle ganz still und hörten genau zu, denn wir waren gespannt, ob sie blau oder grün oder schwarz oder orange oder was war. Ich wollte am liebsten, daß sie orange wäre, denn das war meine Lieblingsfarbe.

»Sie ist keine richtige Negerin, sagte Fräulein Kirsten, sondern . . . ja, weiß jemand von euch, wie man ein Kind nennt, das eine weiße Mutter und einen schwarzen Vater hat?«

Das wußte ich. Denn so ein Kind gab es in meinem Buch zu Hause, »Kleine, süße Sambo«.

»Mulattin«, sagte ich.

»Richtig! Die kleine Bera, die morgen zu uns kommt, ist also ein Mulattenmädchen.«

»Wenn nun ihre Mutter rot gewesen wäre?« fragte Olaf.

»Wenn sie eine indianische Mutter und einen weißen Vater gehabt hätte, dann wäre sie eine . . . ja, weiß das jemand von euch? Jakob!«

Ich wußte es eigentlicht nicht genau, aber ich versuchte es trotzdem.

»Indi . . . Individuum«, sagte ich.

Unser blöder Nachbar sagt, ich kriege meinen Fußball nicht eher zurück, bis in der Hölle 30 Grad Frost ist. Dauert das lange?

Wir spielen Postbote

Heute habe ich mir ein ganz neues Spiel ausgedacht. Ich spielte Postbote. Unten im Keller fand ich eine alte, ausgediente Schultasche, dazu entdeckte ich einen schikken Papierhut, den mein Papi und meine Mami mal zu Silvester gebraucht hatten. Den setzte ich auf den Kopf.

Michael und Susanne saßen an einem alten Gartentisch und waren das Postamt. Sie stempelten alle Briefe mit Papis Stempel, ich tat sie in meine Tasche und ging als Postbote los. Als ich zum Postamt zurückkam, rief ich meine Mami.

»O Mami, wir spielen was ganz Tolles!«

Sie fand das herrlich und fragte, was wir denn spielten.

»Postbote«, sagte ich. »Ich habe in der ganzen Straße die Post ausgetragen und alle Briefe in die Briefkästen geworfen.«

Meine Mami sah plötzlich so ernst im Gesicht aus.

»Briefe«, sagte sie, »was für Briefe?«

»Bloß ein großes Bündel Briefe, das ich und Michael in deiner Kommode gefunden haben. Da war ein rotes Seidenband rumgebunden.«

Ach, du ahnst es nicht! Meine Mami wurde ganz blaß und hatte ein verstörtes Gesicht. Mein Papi fragte, was denn los wäre.

»Nichts weiter«, sagte sie, »er hat nur alle Liebesbriefe, die du mir seinerzeit geschrieben hast, in der ganzen Straße verteilt!«

Mein Papi wollte sofort von der Gegend wegziehen.

Wenn ich erwachsen bin, will ich nicht einen kleinen Jungen haben, der immer hinten sitzen muß und sich langweilt!

Mein Papi fährt zu schnell

Heute habe ich mit einem richtigen Polizisten gesprochen. Ich hatte überhaupt nichts verbrochen. Er schimpfte mich auch gar nicht aus. Mein Papi hatte etwas gemacht. Er war zu schnell gefahren.

»Papi«, sagte ich mehrere Male zu ihm, »du fährst zu schnell!«

Aber er fuhr weiter so schnell. Da bremste plötzlich ein Polizeiwagen vor uns, und ein Polizist hielt eine Kelle aus dem Fenster. Mein Papi bremste und fluchte.

»Verdammt«, sagte er und rollte das Fenster runter. Dann guckte der Polizist zu ihm rein.

»Sie sind zu schnell gefahren!« sagte er. Dann wollte er seinen Führerschein sehen. Aber da beugte ich mich vom Rücksitz vor und sagte:

»Wenn du uns aufschreiben willst, Herr Polizeimann, dann mach aber schnell. Denn ich muß nach Hause und groß machen. Wenn du dich nicht beeilst, mache ich in die Hose.«

Und das stimmte. Ich mußte so nötig, daß ich fast zu heulen anfing. Ich glaube, der Polizist sah, daß es stimmte.

»Okay«, sagte er zu meinem Papi, »fahren Sie so schnell wie möglich. Aber nach Vorschrift!«

Mein Papi freute sich so doll, daß er mir zwei Pralinen schenkte, als wir nach Hause kamen. Eine, weil ich ihn vor einer Geldbuße gerettet hatte, und eine, weil es nicht in die Hose gegangen war.

Willst du tauschen – ein Tomatenbrot gegen ein paar von deinen Keksen?

Wir schreiben Wunschzettel

Bald ist Weihnachten. Gestern haben ich und Michael Wunschzettel geschrieben. Na ja, das heißt, meine Mami hat geschrieben, und wir haben uns was gewünscht. Mein Papi schreibt so blöde Wunschzettel. Er wünscht sich nur einen Schlips. Meine Mami fragte, was er bloß mit all den dämlichen Schlipsen wollte.

»Daraus kann man doch was nähen! Vielleicht für die Kinder?«

»Ja, oder Schlafsäcke . . . für Aale, die frieren.«

Meine Mami schrieb mit großen Buchstaben NERZ auf ihren Wunschzettel.

»Nun mal langsam!« sagte mein Papi. »Du kannst dir dieses Jahr den Bügel wünschen. Dann sprechen wir nächstes Jahr über den Nerzkram.«

»Was ist Nerzkram?« fragte ich.

»Das sind kleine, süße Tiere, die zu kleinen, süßen Pelzen werden.«

»Ja, aber wenn man Pelze aus ihnen macht, dann kommen sie ja nicht in den Himmel?«

»Nein«, seufzte Mami, »die haben es viel besser. Die kommen in die Logen der Oper!«

Das verstand ich nicht. Schließlich wollte meine Mami keine Wünsche mehr auf meinen Wunschzettel schreiben.

»Bald hast du dir für eine Million gewünscht«, sagte sie.

»Dann habe ich noch einen Wunsch«, sagte ich. »Ich wünsche mir, daß ich eine Million hätte.«

»Kriege ich dann eine halbe Million ab?« bettelte Michael.

»Nein«, sagte ich schnell, »du kannst dir doch selbst eine wünschen.«

Guck mal, Mami! Wir sparen an jeder Tafel Schokolade einen Groschen . . . hier können wir ein Vermögen verdienen!

Ich habe mit dem Weihnachtsmann gesprochen

Ich war mit meinem Papi und meiner Mami in der Stadt.

Wir haben nach Weihnachtsgeschenken geguckt, aber als wir zur Rolltreppe im Warenhaus kamen, wollte ich nicht weiter.

»Komm jetzt!« zerrte mich meine Mami.

»Aber ich kann doch nicht! Erst wenn mein Kaugummi zurückkommt ... Ich habe ihn aufs Geländer gepappt!«

Sie zogen mich weiter. Ich sollte einen blauen Pullover anprobieren. Ich wollte einen in Orange haben, aber sie hatten nur blaue.

»Die Farbe ist kein Problem«, sagte die Verkäuferin, »die geht bei der Wäsche raus.«

Dann kamen wir zum Weihnachtsmann, und ich durfte auf seinem Schoß sitzen.

»Na, mein Kleiner«, sagte er, »was wünschst du dir denn dieses Jahr?«

»Zuerst all das, was du mir letztes Jahr nicht gebracht hast. Und dann ein Mikadospiel, eine Rennbahn, einen Fußball, eine Wasserpistole, einen richtigen Werkzeugkasten, einen Riesenkran mit zwei Baggern und einen elektrischen Feuerwehrwagen, der selbst fahren kann, und einen Cowboyanzug und ein Paar Rollschuhe und ...«

»Das ist ja allerhand«, sagte der Weihnachtsmann, »aber nun will ich erst in meinem Buch nachgucken, wie artig du gewesen bist ...«

Dann wollte er in sein Buch gucken, aber ich hielt es fest, daß er es nicht aufmachen konnte.

»Laß doch das Buch«, sagte ich schnell, »ein Paar Rollschuhe reichen mir auch!«

Wenn ich mich freiwillig in die Ecke stelle, wird es dann besser?

Jetzt ist Weihnachten vorbei

Jetzt, wo Weihnachten vorbei ist, brauchen wir ja nicht mehr artig zu sein. Weihnachten waren wir alle in unserer Kirche, wo der Pastor zusammen mit dem lieben Gott wohnt. Aber der Pastor schaffte alles allein. Da waren genauso viele Menschen wie vor Weihnachten, als wir auf dem Fest mit Mickymaus und Schweinchen Schlau waren. Aber diesmal war alles viel schöner, mit Tannenzweigen und Kerzen und so. Als wir Weihnachtslieder sangen und auch einer Trompete spielte, da brannte das Lied meiner Mami so in den Augen, daß eine kleine Träne am Liederbuch runterrollte. Zu Hause kriegten wir nach dem Essen Schokoladenpudding mit Schlagsahne.

Der Weihnachtsbaum war wirklich toll, als er angezündet wurde. Wir standen davor und sangen »Stille Nacht«, aber ich konnte den Text nicht und sang einfach immer dieselben Wörter. Dann ging mein Vater raus und wollte den Weihnachtsmann holen. Er kam wieder rein mit einem großen weißen Bart und einem dicken Kissen auf dem Bauch und sah fast so aus wie der richtige Weihnachtsmann im Supermarkt.

Dann kriegten wir alle unsere Geschenke. Das schönste Geschenk für meine Mami war der Pelz, den sie sich schon so lange gewünscht hatte. Mein Papi konnte nicht richtig begreifen, wo der herkam. Er guckte auf den Zettel an der Schachtel. Da stand drauf: »Von Mami – für Mami.« Ich und Michael waren eifrig mit dem Auspacken beschäftigt. Auch die weichen Pakete packten wir aus. Schließlich hatte ich alle meine Pakete ausgepackt.

»So, sagte ich, jetzt sind keine mehr da. Und was wollen wir jetzt machen?«

Wie kommt es, daß Fensterglas nicht hält, wenn man tüchtig daraufhämmert?

Möhren sind gesund

Meine Mami wunderte sich, als sie gestern in die Küche kam und sah, daß ich am Gemüsefach war. Na, vielleicht war das auch komisch, weil das einzige Gemüse, was ich mag, gar keins ist: Erdbeergrütze.

»Mami«, sagte ich, »darf ich eine richtig große Möhre?«

Das durfte ich gern.

»Ja«, sagte Mami und half mir, eine richtig schöne zu finden. »Ich will sie nur eben waschen und schaben, da kann nämlich ein bißchen Dreck und Sand dran sein.«

»Sind Möhren gesund?«

»Ja«, sagte Mami und wusch die Möhre, »du weißt doch, alles Gemüse ist gesund und nahrhaft und voller Vitamine.«

Richtig, das kam mir bekannt vor.

»Mach bitte etwas schnell«, sagte ich. Und Mami schabte die Möhre, daß sie richtig schön wurde, und spülte sie unterm Wasserhahn und hielt sie mir hin und fragte, ob sie nicht wirklich lecker aussähe.

»Doch«, sagte ich und griff danach. Ich zog meine Handschuhe an und wollte rauslaufen, aber da fragte Mami, ob ich denn die Möhre nicht essen wollte.

»Essen?« fragte ich und stand schon in der Tür. »Nein, was denkst du denn? Die brauchen wir doch nur als Nase für unseren neuen Schneemann!«

Ich habe draußen am Auto rumgefummelt. Ich muß wohl jetzt früher zu Bett und krieg kein Abendbrot?

Michael macht so viele dumme Sachen

Michael macht so viele dumme Sachen, aber das liegt daran, daß er so klein ist. Wenn er was ganz Verrücktes macht, muß ich das meiner Mami immer ganz vorsichtig beibringen, sonst kriegt sie einen wahnsinnigen Schreck. Als Michael eines Tages die Treppe runterfiel, sagte ich es meiner Mami sicherheitshalber so:

»Mami, Michael ist die ganze Treppe runtergekommen, ohne die Füße zu gebrauchen.«

Auch gestern versuchte ich, es richtig hinzukriegen, als er wieder was Dummes gemacht hatte. Ich lief zu Mami in die Küche.

»Mami, sind rote Bete sehr teuer?«

»Nein, nicht besonders . . . warum?«

»Ach, gar nichts. Aber dann macht es wohl nichts, daß Michael das Glas rote Bete auf den neuen Teppich geschüttet hat?«

Heute morgen krabbelte er aufs offene Küchenfenster, fiel plötzlich raus aufs Blumenbeet und schrie wie am Spieß. Aber Mami konnte ihn nicht hören, weil sie oben im Schlafzimmer war. Ich lief zu ihr nach oben, aber diesmal wußte ich eigentlich nicht, wie ich ihr es beibringen sollte, ohne daß sie Angst kriegte. Aber dann fiel mir etwas ein:

»Mami, darf Michael bei der Kälte draußen im Garten sein . . . wo er doch nur seinen Pyjama anhat?«

So was Blödes, Mami! Ich habe ganz vergessen, warum ich in der Ecke stehe.

Spinnen sind goldig

Spinnen sind wirklich goldig. Man kann schön mit ihnen spielen. Heute habe ich fast eine halbe Stunde lang mit einer Riesenspinne gespielt. Sie hatte ein wunderschönes Netz hinten im Gartenzimmer gesponnen, wo Mamis Grüngewächse stehen. Sie selbst saß mitten im Netz und wartete gespannt, ob eine dumme Fliege kommen würde, die sie fangen und zu Mittag essen könnte. Ich piekste mit einem kleinen Stock danach, da huschte die Spinne weg und versteckte sich hinter einem grünen Blatt. Ich ärgerte sie nicht, ich spielte nur ein bißchen. Ich wartete eine Weile, dann kam sie wieder. Ich piekste noch mal nach ihr, wieder raste sie weg und versteckte sich. Da rief ich:

»Mäuschen, sag mal piep!«

Aber die Spinne blieb lange in ihrem Versteck. Endlich kam sie wieder. Da rief ich meine Mami.

»Mami, komm mal her und krieg Angst vor einer Riesenspinne!«

Als meine Mami kam, wollte sie das Spinngewebe mit einem Staubwedel wegfegen, aber das durfte sie nicht.

»Haben wir nicht eine Fliege«, sagte ich, »sie hat so einen Hunger.«

»Zu dieser Jahreszeit haben wir keine Fliegen«, sagte meine Mami.

Ich guckte mich um, ob ich was anderes für sie finden könnte. Da fiel mein Blick auf Michaels Birdie.

»Mami«, fragte ich, »mögen Riesenspinnen gern Wellensittiche?«

Hallo, Frau Hansen, darf ich ein bißchen roten Saft borgen?

Wieviel Uhr ist es?

Es gibt zwei Dinge auf der Welt, bei denen ich mich nicht zurechtfinden kann: Wieviel Uhr es ist, und was rechts und links ist. Mein Papi hat mir erklärt, daß es zwölf Uhr ist, wenn beide Zeiger in Richtung Aufzieher stehen. Aber dann kommt all das Schwere, das mit halb drei und halb vier und zwanzig Minuten nach vier und Viertel nach fünf und fünf Minuten vor halb sechs und all so was Blödes. Da habe ich keine Lust mehr, die Uhr zu lernen. Wenn ich weiß, daß es ab und zu zwölf ist, dann reicht mir das.

Ich finde es auch schwer zu lernen, was rechts und links ist. Ich vergesse immer, auf welcher Seite meine rechte Hand und meine linke Hand sitzen. Nur beim Essen kenne ich meine rechte Hand, denn damit esse ich. Die andere Seite ist dann links. Aber wenn ich nicht esse, geht es schwer. Gestern sagte meine Oma, nun sollte ich endlich den Unterschied zwischen rechts und links lernen.

Dann übten wir, bis ich wirklich nicht mehr wollte.

»Na«, sagte meine Mami, als ich zu ihr in die Küche kam, »darf ich mal sehen, ob du jetzt den Unterschied zwischen rechts und links kennst?«

»Nee«, sagte ich, »aber ich kenne den Unterschied zwischen vorwärts und rückwärts.«

Ich kann das nie richtig behalten. Was soll ich erst? Mich waschen und dann essen, oder essen und mich dann waschen?

Wir waschen uns viel zuviel

Wir waschen uns viel zuviel. Manchmal finde ich, es würde reichen, wenn wir uns den Staub abwischen, oder die Schuhe auf der Matte abtreten. Wenn meine Oma kommt, muß ich immer extra sauber sein. Das ist aber Schmu, weil sie selbst versprochen hat, einen schmutzigen Jungen nicht zu küssen. Als sie mir einmal einen Kuß gab, wischte ich mir den Mund ab. Das hat sie gesehen.

»Du wischst doch nicht meinen Kuß ab?« sagte sie.

»Nein, Oma«, sagte ich schnell. »Ich reibe ihn bloß besser rein!«

Weil meine Oma gestern abend kam, um mit uns zu Abend zu essen, mußte ich mich besonders gut waschen.

»Mami«, rief ich, »hier sind nur saubere Handtücher. Darf ich eins davon benutzen?«

Sie antwortete nicht. Also trocknete ich den Schmutz daran ab, und hinterher sah ich irre sauber aus. Dann ging ich rein und zeigte mich meiner Mami, die gerade den Tisch deckte.

»Hast du auch deine Ohren gewaschen?«

»Sitzen wir wie immer? Soll ich auf dem Stuhl da sitzen und Oma auf dem da?«

»Ja, aber ich habe gefragt, ob du deine Ohren gewaschen hast?«

»Ja . . . ich habe das gewaschen, das zur Oma hinzeigt!«

Guck mal, Papi, ich habe mir ein eigenes Bankbuch gemacht. Das ist ein Naschkonto, und du darfst gern etwas einzahlen . . .

Im Kindergarten lernen wir viel

Wir lernen so viel Vernünftiges im Kindergarten. Wenn wir dann nach Hause kommen, stelle ich meine Mami auf die Probe.

»Mami«, sagte ich gestern, »weißt du, warum die Schwalben jeden Winter in warme Länder fliegen?«

»Nein.«

»Weil es zu weit zu gehen ist. Aber kannst du mir zehn Tiere nennen, die unten in Afrika leben und sehr gefährlich sind?«

»Zehn Tiere . . . in Afrika . . . die sehr gefährlich sind? Ja, es gibt ja so viele, aber . . . kannst du selbst zehn gefährliche Tiere nennen?«

»Ja, fünf Löwen und fünf Nashörner! Aber Mami, kannst du mir sagen, was das ist: Es ist zottig und hustet?«

»Nein, das ist wirklich zu schwer. Was ist das?«

»Eine Kokosnuß, die sich erkältet hat!«

»Nein, nun reicht es aber! Aber bevor du aus meiner Küche verschwindest, kannst du mir vielleicht sagen, wo ein Krokodil in Afrika am besten schwimmen lernt?«

Ich überlegte sehr lange, und meine Mami mußte es mehrmals wiederholen. Schließlich mußte ich doch aufgeben.

»Wo lernt es also am besten schwimmen?« fragte ich.

»Im Wasser!«

Puh, der war fies.

Bist du jemals eine Sexbombe gewesen, Mami?

Ich kann mich noch 100 Jahre halten

Klaus aus unserer Straße sagt, das letzte, was er werden will, wenn er groß ist, das ist Arzt. Er sagt, daß Ärzte manchmal hundertmal am Tag ihre Hände waschen müssen. Ab und zu bin ich mit meiner Mami beim Arzt. Dann macht er eine Routineuntersuchung, wie sie das nennt. Er mißt nach, ob ich gewachsen bin und ob ich etwas wiege. Das tut überhaupt nicht weh. Aber trotzdem habe ich immer Angst. Gestern waren wir bei ihm, und er steckte mir einen Stock in den Hals. Ich mußte »Aaahhh« sagen. Ich fand allerdings nicht, daß es schmeckte. Er hörte auch mein Herz ab, klopfte mir auf den Rücken und fragte, ob das weh tat.

»Nein«, sagte ich, »aber jetzt werde ich doch nicht ausrangiert, oder?«

»Ach was«, sagte er, »du kannst dich noch hundert Jahre halten. Jetzt machen wir noch eine kleine Blutprobe, und dann sind wir fertig.«

Er holte einen Gummischlauch und ein kleines Glas und eine Spritze. Dann sagte er, daß er eben mal in meinen Arm pieksen müßte. Das war mir gar nicht recht, und ich hielt mich an meiner Mami fest, bei der ich auf dem Schoß saß.

»Na, welchen Arm wollen wir denn nehmen?«

Wenn ich also selbst bestimmen durfte, brauchte ich ja nicht lange zu überlegen.

»Mamis!« sagte ich.

Dürfen wir drinnen im Wohnzimmer Fußball spielen, Mami? Es regnet!

Vier sind genug

Muschi wird jetzt jeden Tag dicker. Das kommt daher, daß sie kleine Kätzchen im Bauch hat. Ich habe schon oft darüber nachgedacht, wie solche kleine Katzen in den Bauch von einer Muschikatze kommen, aber erst heute hat meine Mami mir das erklärt. Sie erzählte mir eine Menge darüber, was die Bienen und die Blumen machen. Hinterher sagte sie: »Jetzt verstehst du, warum Muschi Junge kriegt, nicht?«

»Doch«, sagte ich, »weil sie von einer Biene gestochen worden ist.«

Ich sagte meiner Mami auch, was Oma mir erzählt hatte: »Oma hat mir erklärt, was die Bienen machen.«

»Na, was machen sie denn?«

»Die wischen den Staub von den Blüten.«

Dann sprachen wir über Muschis Katzenkinder, und Mami fragte mich, was ich lieber hätte, wenn ich noch einen kleinen Bruder kriegte oder eine kleine Schwester.

»Das ist ganz egal«, sagte ich. »Hauptsache, ich kriege keinen Vetter. Denn davon habe ich genug.«

Aber ich weiß genau, daß wir keinen kleinen Bruder und keine kleine Schwester mehr kriegen. Zu viert ist es gerade richtig. Wir können auch gar nicht mehr sein als ich und Michael und Mami und Papi. Ich habe selbst nachgezählt, im Badezimmer.

Der Zahnbürstenhalter hat nur Platz für vier Zahnbürsten.

Willy Breinholst

Mama ist die beste auf der Welt!

Ins Deutsche übertragen
von Dieter J. Jörgensen
Illustrationen: Rika Okabe

Vorwort

MAMA IST DIE BESTE AUF DER WELT, mein 87. Buch, ist der 4. Band einer kleinen Reihe, die ich für junge Eltern geschrieben habe. In der großen, sonst so harten Welt hat diese Reihe einen solchen Anklang gefunden, daß die Auflage längst die Millionengrenze überschritten hat.

In Japan wurden die Illustrationen zu MAMA IST DIE BESTE AUF DER WELT von einer jungen japanischen Mutter zweier Kinder gezeichnet, von Rika Okabe, die ihre Studien 1973 an der Dokkyo-Universität beendet hat. Ihre Zeichnungen zu meinen Büchern gingen durch die japanische Presse und das Fernsehen, womit ihr Glück als Baby-Zeichnerin gemacht war.

Ich fand ihr Baby in MAMA IST DIE BESTE AUF DER WELT so niedlich, daß es von jetzt an in alle Ausgaben des Buches aufgenommen wird, die noch in der Welt erscheinen werden. Meiner Meinung nach zeigt Rika Okabes Baby mit aller wünschenswerten Deutlichkeit, daß Kinder überall in der Welt in gleicher Weise unwiderstehlich sind. Meine Bücher in dieser Reihe sind nach lebenden Vorbildern geschrieben, meinen Enkelkindern Jacob und Mikael. Von dem Tage an, als der Arzt ihre Anwesenheit im Leib ihrer Mutter feststellte, habe ich mit Neugier, Freude, Überraschung und Bewunderung ihre Entwickling verfolgt. Ohne ihr wohlwollendes Mitwirken wäre ihr Opa niemals auf eine Bestsellerliste gekommen. Danke, Kinder!

Ich schließe mich dem dänischen Philosophen Sören Kierkegaard an: »Am liebsten habe ich Kinder um mich und spreche mit ihnen, denn bei ihnen besteht noch Hoffnung, daß sie vernünftige Menschen werden!«

Willy Breinholst

Stofftiere, die quietschen können, sind als Spielzeug für das kleine Kind gut geeignet. Außerdem alle Arten von Gummitieren und weichem Spielzeug, zum Beispiel Teddybären aus Stoff, wobei die Eltern jedoch immer sicherstellen müssen, daß sich das Kind beim Spielen mit dem weichen Spielzeug nicht verletzen kann.

Weiches Spielzeug

Mama ist die beste auf der Welt.

Mein Papa ist ebenfalls der beste.

Auch meinen großen Bruder, der fünf Jahre alt ist, habe ich lieb. – Und Hannibal.

Mein großer Bruder meint, Hannibal würde nur aus Stoff bestehen. Er sagt, Hannibal sei bloß ein Stoffteddy.

Vielleicht ist er selbst einer!

Mein großer Bruder besteht nur aus dem, woraus er besteht. Meine Mama sagt, daß Hannibal ein lieber Teddy ist, weil er nie weint, nie quengelig ist und sich nie naß macht. Sie sagt, Hannibal habe den ganzen Tag lang ein richtig schönes Leben, und er könne glücklich sein, so einen lieben Kleinen wie mich als seinen besten Freund zu haben.

Sagt meine Mama.

Aber eines Abends, als ich in meinem Bett lag und mit meinem Hannibal schmuste, kam sie, um mir mein Gutenachtküßchen zu geben, und sagte dann, daß so kleine liebe Teddys wie mein Hannibal es vielleicht doch gar nicht so gut haben. »Es ist schade um sie, weil ihr ja älter werdet«, meinte sie. »Und wenn ihr dann später groß seid, dann werft ihr sie einfach in irgendeine Ecke, niemand beachtet sie, niemand spielt mit ihnen, und niemand sucht sie dann mehr. Dann sind sie einfach weggeworfen«, sagte sie traurig.

Ich verstand nicht alles, was sie sagte, aber wenn mein Hannibal wirklich einmal weggeworfen werden sollte, dann will ich ihn ganz schnell suchen und ihn drücken und knutschen und ganz fest mit ihm schmusen, weil er immer mein bester Freund bleiben soll.

Das haben ich und Hannibal abgemacht.

Nicht wahr, Hannibal?

Habt ihr gesehen, wie er genickt hat?

Die gründliche Körperfplege sollte immer morgens geschehen, wenn das Kind am besten gelaunt ist, wobei darauf zu achten ist, daß Seife nur ein- bis zweimal in der Woche benutzt werden sollte, damit die Haut des kleinen Kindes nicht austrocknet.

Körperpflege

Der größte Teil meines Lebens vergeht mit Waschen und Baden, und das macht mir gar keinen Spaß.

Meine Mama wäscht mich eigentlich nur ihretwegen, denn sie meint, hinterher dufte ich so herrlich.

Mit Sicherheit kann ich es nicht sagen, aber ich glaube, meine Mama hat selbst ein bißchen Angst vorm Waschen.

Wenn mein Badewasser fertig ist, taucht sie nämlich nur ganz vorsichtig einen Ellbogen hinein.

Ob sie wirklich etwas wasserscheu ist?

Sie traut sich nie, den ganzen Arm in mein Badewasser zu tauchen.

Immer nur den Ellbogen.

Sie wäscht mich nie, bevor sie nicht kontrolliert hat, ob all die vielen Dinge, die sie braucht, auch wirklich da sind.

Es sind alles blöde Dinge: der Waschlappen für das Gesicht, die Puderdose, die Haarbürste, die Nagelschere, der Waschlappen für den Popo und so weiter.

Nur mit der Seife habe ich manchmal etwas Spaß.

Wenn ich sie ergreifen kann und sie mir dann aus der Hand flutscht, in die Luft springt und auf den Fußboden fällt. Dann lache ich.

Aber meine Mama rächt sich, indem sie mir mit der Seife das ganze Gesicht wäscht, und dann weine ich, denn Seife im Gesicht war noch nie meine Sache.

Ich mag es auch nicht, wenn sie mir die Ohren wäscht.

Ich kann nicht einsehen, warum kleine Kinder wie ich immer so fürchterlich saubere Ohren haben müssen.

Das ist ungerecht.

Wenn mein großer Bruder manchmal von meiner Mama gewaschen wird, weil er es selbst nicht gut genug gemacht hat, dann schreit er immer, so laut er kann: »Nicht die Ohren! Nicht die Ohren!«

Aber ich?

Ich kann nichts rufen, was sie versteht.

Und das nutzt sie jedesmal aus.

Mein Papa hielt auch zu mir, als ich einmal besonders laut schrie, weil meine Mama nicht aufhörte, meine Ohren zu waschen und sie mit feuchter Watte zu reinigen.

»Wenn du es dir zur Regel machtest«, sagte er, »nie seine Ohren zu waschen, dann könnte man doch viel besser erkennen, wie sauber er im übrigen Gesicht ist!«

»Quatsch!« antwortete meine Mama und nahm die Nagelschere zur Hand.

Sich die Nägel schneiden zu lassen ist auch ärgerlich, weil man sich dabei kaum bewegen kann.

Und es bringt ja auch gar nichts, denn den Nägeln ist es egal, sie wachsen trotzdem wieder.

Wenn meine Mama die Nägel an meinen Zehen geschnitten hat, kitzelt sie mich immer unter den Füßen, und dann lache ich. Obwohl es eigentlich gar nichts zum Lachen gibt.

Wenn sie dann zum Schluß meine Haare gekämmt und gebürstet hat und endlich mit allem fertig ist, hebt sie mich hoch, sieht mich bewundernd an und sagt, ich sei jetzt das sauberste Baby auf der Welt.

Ja, mindestens!

Wenn das Kind immer wieder an einem Gegenstand lutscht, etwa einem Schmusetuch, einem Daumen oder einem Zipfel der Decke, ist der Grund häufig in fehlendem Elternkontakt zu suchen, es kann sich aber auch um ein nervöses oder besonders sensibles Kind handeln.

Schmusetücher

Ich weiß nicht, was ich ohne mein Schmusetuch machen sollte. Oder ohne meinen Daumen.

Ich brauche sie zum Lutschen, aber meine Mama mag das nicht.

Sie versteckt mein Schmusetuch, und dann weine ich.

Aber meinen Daumen kann sie nicht verstecken.

Und dann kriege ich mein Schmusetuch wieder, denn meine Mama hat wohl Angst, ich könnte den Daumen ganz weglutschen.

Mein Teddy, mein Hannibal, darf auch nicht mehr mit in mein Bett, weil ich immer an seinen Ohren lutsche.

Aber dann schreie ich sehr lange und weigere mich, einzuschlafen. Dann kriege ich Hannibal.

Es ist aber fast immer mein Papa, der mir zum Schluß dann schließlich meinen Hannibal gibt.

»Laß doch das Kind lutschen«, sagt er. »Herrgott noch mal, wir haben doch alle in seinem Alter gelutscht.«

Napoleon, Columbus, Robin Hood, Nero, Shakespeare, Greta Garbo, ich wette, daß jeder von ihnen etwas zum Lutschen hatte.

Wer sagt denn, daß Jesus kein Schmusetuch hatte?

Und der Papst?

Und die zwölf Apostel?

Und wenn alle diese Leute an einem Schmusetuch Gefallen hatten, dann kann man sich wohl auch in diesem Hause erlauben, mit einem Schmusetuch einzuschlafen!«

Das sagt alles mein Papa.

Mein Papa ist ein guter und vernünftiger Mann, der immer zu mir hält.

Und dann kriege ich mein Schmusetuch.

»Okay, Bonaparte«, gibt sich meine Mama geschlagen und wirft ein Schmusetuch in Papas Schoß.

Windeln sind ein wichtiger Bestandteil der Bekleidung des Säuglings, es ist daher sehr wichtig, daß das Wechseln der Windeln niemals nachlässig gehandhabt wird.

Windelwechsel

Wenn es etwas gibt, was ich auf dieser Welt hasse, dann sind es meine Windeln.

Ich bin sie absolut leid.

Meine Mama hat aber auch wirklich einen Sauberkeitstick.

Ich habe lange darüber nachgedacht, aber ich begreife einfach nicht, warum ich immer in diese blöden Windeln verpackt werden muß.

Sie taugen überhaupt nichts.

Na ja, wenn man sie frisch ankriegt, dann sind sie gut, hübsch und trocken und sauber.

Es dauert aber nie sehr lange, bis sie anfangen, widerlich naß zu werden.

Sie müssen völlig falsch hergestellt sein.

Es kommt auch Aa in die Windel.

Irgendwie.

Und dann fühle ich mich erst recht nicht wohl, und manchmal weine ich.

Aber das tut wohl jeder, wenn seine Windel dauernd naß wird.

»Oje, du kleines Ferkelchen, hast du dich schon wieder naß gemacht?« kriege ich tagsüber alle naselang von meiner Mama zu hören.

Ich? Habe *ich* mich naß gemacht?

Es ist doch wohl meine Windel, die mich naß gemacht hat, oder?

Jedenfalls wird immer die Windel weggeworfen.

Niemals ich.

Wenn meine Mama gesagt hat, daß ich ein kleines Ferkelchen bin, weiß ich, daß kein Weg mehr daran vorbeiführt, ich muß dann den ganzen Zirkus wieder einmal mitmachen.

Manchmal behauptet mein Papa, mir ansehen zu können, daß das Windelwechseln mich zu Tode langweilt.

Er hat völlig recht.

Zuerst bereitet meine Mama den Wickeltisch vor.

Dann holt sie Puder und Creme und Öl.

Danach gießt sie lauwarmes Wasser in eine Schüssel.

Anschließend legt sie Waschlappen und Handtuch zurecht.

Und zu guter Letzt holt sie eine saubere Windel und eine saubere Hose hervor.

Sie hebt mich hoch und entfernt die nasse Windel.

Dabei sagt sie »uff!« und »bah!« und wirft die Windel weg.

Als ob *ich* etwas dafür könnte!

Sie wäscht mir dann den Popo, trocknet mich ab und cremt mich ein.

Ich werde auch bestäubt, meine Mama sagt, es ist Babypuder. Sie verteilt den Puder und gibt mir einen leichten Klaps auf den Popo.

Wenn sie gut gelaunt ist, sagt sie, so ein kleiner Klaps koste nichts extra.

Sie wickelt mich in die saubere, trockene Windel, zieht mir die saubere Hose darüber, und dann bin ich fertig.

Mein Papa kann mich auch wickeln.

Aber er schafft nur eine Dreieckswindel. »Die ist ja auch idiotensicher«, sagt meine Mama.

Sie selbst kann Dreieckswindeln, Trapezwindeln und amerikanische Windeln, sie kennt sie alle.

Meine Mama ist eben sehr tüchtig.

Gerade eben hat sie meine Windel gewechselt. Heute schon zum siebten Mal!

Weil sie glaubte, daß Aa drin sei, aber das stimmte gar nicht.

Aber jetzt!

Mein Papa hat gerade an mir geschnuppert.

»Es ist soweit!« rief er meiner Mama zu.
»Hauptgewinn!«
Superhauptgewinn!

Mit etwa drei Monaten kommt das Kind in das sogenannte Beißalter, alles wird jetzt in den Mund gesteckt und angeknabbert; diese Beißlust, die als eine Art Spiel angesehen werden muß, kann sehr lange andauern.

Beißlust

Es gibt viele gute Bücher.

Als ich noch sehr klein war, hatte ich keine Ahnung, wozu man Bücher braucht.

Ich glaubte, mein großer Bruder brauchte die Bücher, um darin zu lesen, und meine Mama und mein Papa, um darüber einzuschlafen, wenn sie zu Bett gegangen waren.

Jetzt weiß ich es besser.

Ich weiß nun, daß man Bücher anknabbern und die Seiten herausreißen kann.

Ohne anzugeben, kann ich wohl sagen, daß ich schon aus fast allen Büchern Seiten herausgerissen habe, die auf den Nachttischen herumlagen oder auch woanders, wo ich gut drankomme. Die herausgerissenen Seiten lassen sich sehr gut anknabbern, man kann auch daran lutschen oder sie essen.

Man kann sie auch gut zusammenknüllen, das gibt so ein kribbelndes Gefühl in der Hand.

Kleine Bücher können mit ein wenig Glück auch in den Topf gestopft werden, inzwischen ist es in diesem Haus jedoch fast unmöglich, ein Buch in die Hand zu bekommen.

Alle Bücher und Zeitungen werden versteckt.

Gestern ist es mir trotzdem gelungen, ein paar Seiten aus einem großen, dicken Buch herauszureißen, das von einem Mann geschrieben worden war, den mein Papa Shakespeare nannte.

Er nahm die Seiten, die ich herausgerissen hatte, glättete sie, las, was darauf stand, und warf sie zusammengeknüllt in den Papierkorb.

»Eigentlich hat der Junge recht«, sagte er zu meiner Mama. »Diese Szene zwischen Polonius und Ophelia im zweiten Akt von ›Hamlet‹ ist absolut überflüssig!«

Sollte es aus irgendeinem Grunde nicht möglich sein, das Kind zu stillen, dann gibt es heute auf dem Markt für das Flaschenkind ausgezeichnete, industriell hergestellte Trockenmilchpräparate, die alle der Muttermilch sehr nahe kommen.

Das Flaschenkind

Als kleines Kind war mein großer Bruder ein Brustkind.

Ich bin ein Flaschenkind.

Mein Papa sagt, daß das ein Unterschied ist.

»Der Unterschied zwischen einem Brustkind und einem Flaschenkind«, sagt er, »liegt ganz einfach darin, daß bei einem Brustkind jederzeit die Mutter bereit sein muß.«

»Aber bei einem Flaschenkind«, setzt er fort, während er mein Fläschchen vorbereitet, »ist es der Vater, der Tag und Nacht zur Stelle sein muß!«

Obgleich er das sagt, weiß ich immer noch nicht so richtig, was es bedeutet, ein Flaschenkind zu sein, es ist mir aber auch völlig egal, ob es nun dieses oder jenes bedeutet.

Hauptsache, ich habe mein Fläschchen, dann bin ich schon zufrieden.

Ich weiß genau, was da drin ist.

Trockenmilch.

Doch wenn ich daran sauge, schmeckt sie überhaupt nicht trocken. Sondern sehr gut.

Mein Fläschchen ist mit das beste, was ich habe.

Abgesehen von meiner Mama natürlich.

Und von meinem Papa.

Und von meinem großen Bruder und Hannibal.

Ich besitze sechs Fläschchen.

Meine Mama sagt auch, daß ich reich an Fläschchen bin, aber sechs sind nicht zuviel, meint sie, wenn man zu jeder Mahlzeit im Laufe des Tages ein sauberes Fläschchen braucht.

Wenn mein Papa mein Fläschchen zurechtmacht, nimmt er immer erst selbst einen kleinen Schluck, bevor ich darf.

Er behauptet, er tue das, um zu probieren, ob die Milch vielleicht zu warm sei.

Aber ich glaube, er tut es, weil es ihm schmeckt.

Er war nämlich früher ein Brustkind.

Sagte er gestern.

»Und wie ihr seht«, meinte er, »ist mein Bedarf noch nicht gedeckt.«

Und er trank etwas, das er Bier nannte.

Meine Mama meinte aber, ein Flaschenkind im Hause reiche ihr.

Ich weiß nicht, was ich ohne mein Fläschchen machen sollte. So ein herrliches Fläschchen mit warmer Milch und dazu so ein wundervoller, weicher Schnuller, aus dem die Milch kommt. Mann, ist das ein Leben!

»Milch ist das beste, was es für einen kleinen, durstigen Mann geben kann!«

Das sagt jedenfalls mein Papa, wenn er manchmal so dasteht und mich um mein Fläschchen beneidet.

»Schau doch, Liebling«, sagte er gestern zu meiner Mama, als ich gerade im Arm meiner Mama lag und mit großer Wonne an meinem Fläschchen saugte, »der Junge flippt ja richtig aus!«

Und dann sagte er noch etwas, was ich aber nicht ganz verstanden habe.

»Wenn er nicht immer auf die Sekunde genau sein Fläschchen kriegen würde«, sagte er, »dann würde er sehr bald Entziehungserscheinungen zeigen!

Es wird Schwerstarbeit werden, ihn eines Tages wieder auf ein normales Maß zu bringen, wenn wir ihn langsam der Flasche entwöhnen und an Frikadellen mit Bier gewöhnen müssen!«

Sobald die Wiege zu klein geworden ist, sollte ein richtiges Kinderbett angeschafft werden. Da das Kind sehr viel Zeit in seinem Bett verbringt, muß darauf geachtet werden, daß ausreichend Platz vorhanden ist, damit das Kind seinem Bewegungsdrang nachkommen kann.

Das Kinderbett

Warum muß ich mich mit so einem blöden kleinen Bett begnügen? Und warum haben nur Mama und Papa so ein schönes großes Bett? Ich will auch ein großes Bett haben!

Ich will ein großes, großes, großes Bett, in dem ich herumkrabbeln und mich in allen Ecken verstecken kann, so daß mich niemand findet.

Sie müssen mich dann bitten, »Kuckuck« zu rufen.

Das tun sie nämlich manchmal, wenn mein großer Bruder sich in ihrem großen Bett versteckt hat.

Oder wenn er sich unterm Bett versteckt hat, wo sie ihn überhaupt nicht finden können.

Ich will ein Bett mit einer richtigen Sprungmatratze wie in Mamas und Papas Bett, auf der mein großer Bruder immer so herumspringt, daß er fast mit den Händen an die Zimmerdecke kommt.

Hannibal hat hier auch kaum noch Platz, und ich kann in diesem Bett überhaupt nicht richtig einschlafen.

Ich spüre richtig, wie es drückt.

Ich will ein Bett, aus dem ich herausfallen kann, so daß ich darunterkrabbeln und mich verstecken kann.

Ich will ein Bett mit einem großen Laken, so daß mein großer Bruder damit Gespenst spielen kann, indem er es über den Kopf zieht, es plötzlich wegnimmt und »Huhuuhh!« ruft, so daß ich lachen muß.

Ich habe so wenig Platz in meinem blöden kleinen Bett, daß ich eigentlich genausogut in einer der Kommodenschubladen wohnen könnte.

Dann könnten sie mich nachts ganz in die Kommode hineinschieben.

Erledigt.

Gute Nacht.

Bei manchen Naturvölkern tragen die Mütter ihre Säuglinge in einem Fellsack auf dem Rücken, aber in allen zivilisierten Ländern werden heute die Säuglinge in einem sogenannten Kinderwagen transportiert, den die Mutter vor sich herschiebt. Auch der Vater kann den Wagen bedienen.

Der Kinderwagen

Mein Wagen ist gerade von oben bis unten überholt worden. Es war notwendig, denn ich habe ihn von meinem großen Bruder geerbt.

Mein Papa sagt, daß der Wagen jetzt rundherum wie neu aussieht, die gesamte äußere Erscheinung, die Lenkung und der Stoffbezug.

Mein Wagen hat jetzt vier neue, schlauchlose Radialreifen, eine neue Übersetzung, eine neue Federung und neue Sicherheitsbügel mit Doppelwirkung.

Und ein neues dreistufiges, semiautomatisches, servogesteuertes Sonnenverdeck aus Samt.

Das sagt alles mein Papa.

Aber jetzt ist es auch *der* Kinderwagen.

»Spitze, Mann!« sagt mein Papa.

Sämtliche Einzelteile hat er neu lackiert.

Meine Mama durfte zwischen vier knalligen Farben wählen: Cool Canary, Orange Wow, Safari Yellow und Signalrot. Sie wählte Signalrot und hätte sich fast auf den Popo gesetzt, als sie das fertige Ergebnis sah.

»Absolut todschick!« sagte sie zu mir und meinem Papa.

Das war wohl ein Lob.

»Er ist so schick geworden«, fügte sie zu meinem Papa gewandt hinzu, »daß er jetzt auch noch ein kleines Schwesterchen überstehen könnte!«

Doch davon wollte mein Papa nichts hören.

»Stop!« sagte er. »Nun mach aber mal halblang!«

Und schon startete er mit mir zur großen Sonntagvormittagsausfahrt durch unser kleines Villenviertel.

»Na, wie war's?« fragte meine Mama anschließend.

»Hervorragend!« sprudelte mein Papa los.

»Wir überholten alle die anderen Schwachköpfe mit ihren todlangweiligen, alten Promenadewagen!«

Weinen bei kleinen Kindern ist selten auf Erkältung zurückzuführen. Nehmen Sie das Kind auf den Arm und trösten Sie es, wenn es weint, vielleicht muß es noch ein Bäuerchen machen. Manchmal weint das Kind auch nur, weil es Hunger hat.

Weinen

Manchmal schreie ich aus vollem Hals, dann wird meine Mama nervös und kommt, um mich zu trösten.

Sie weiß gar nicht, was sie alles anstellen soll, damit ich mit dem Schreien aufhöre.

Aber ich höre nicht auf, denn ich möchte ja wissen, was sie sonst noch alles versucht, damit ich aufhöre.

Meistens schreie ich immer dann besonders lange und besonders laut, wenn ich mich langweile.

Mit einem richtigen herzzerreißenden Geschrei kann ich immer erreichen, daß meine Mama und mein Papa wie der Blitz angesprungen kommen.

Sie glauben immer, ich hätte das große Wandregal mit allen Büchern heruntergerissen.

Oder daß ich in den Schornstein gekrabbelt bin.

Oder daß der große Prismenglasleuchter mir auf den Kopf gefallen ist.

Solche Sachen glauben sie wohl jedesmal, und es ist herrlich, wie schnell sie dann versuchen, mich zu trösten, obwohl mir überhaupt nichts auf den Kopf gefallen ist.

Es ist einfach ein wunderschönes Gefühl, getröstet zu werden. Ich weine auch oft, wenn ich etwas nicht darf.

Dann lege ich erst richtig los.

Und dann darf ich es manchmal doch.

Aber wenn ich überhaupt nicht das darf, was ich nicht darf, na ja, dann weine ich einfach weiter.

Denn es könnte ja sein, daß es mir doch noch erlaubt wird.

Diese Art des Weinens, mit kleinen Pausen dazwischen, um schnell zu prüfen, ob sie sich bald geschlagen geben, nennt mein Papa »taktisches Weinen«.

Meine Oma sagt, daß meine Mama und mein Papa nicht immer gleich aufspringen müssen, bloß weil ich ein bißchen weine. »Es schadet dem Jungen nicht, wenn er ab und zu ein bißchen weint, das trainiert die Lungen«, meint sie.

Ich weine auch, wenn ich hungrig bin und mein Fläschchen haben will.

Ich muß auch weinen, denn ich kann ja nicht meiner Mama in der Küche zurufen:

»Hallo, Mama, ich hab' Hunger, gib mir bitte etwas zu essen!« Aber ich kann schließlich weinen, und wenn ich weine, kommt sie auch.

Trotzdem ist es noch ein weiter Weg bis zu meinem Fläschchen mit schöner warmer Milch.

»Mein armer Kleiner«, sagte meine Mama und nimmt mich aus dem Bett.

»Hast du etwas Schlimmes geträumt, Schätzchen?«

Dann tröstet sie mich eine Weile, aber ich habe gar nichts Schlimmes geträumt, ich bin bloß hungrig.

Manchmal schafft sie es auch, daß ich aufhöre zu weinen, zwei Minuten später lege ich aber wieder los, und meine Mama ist wieder da.

»Mußt du vielleicht ein Bäuerchen machen, mein kleiner Liebling?«

Nein, ich habe Hunger, aber wie soll ich ihr das bloß sagen? Es kommt zwar schon manchmal ein Bäuerchen, wenn sie mich hochhebt, und dann ist sie zufrieden und legt mich wieder hin. Ich bin jedoch nicht zufrieden, sondern immer noch hungrig, und augenblicklich schreie ich wieder los, und meine Mama kommt zum dritten oder vierten Mal.

»Es ist ja heute nicht zum Aushalten mit dir«, sagt sie, »jetzt gebe ich dir etwas zu trinken, schöne warme Milch, vielleicht beruhigst du dich dann.«

Nicht wahr, es ist schwer, anderen verständlich zu machen, daß man Hunger hat, wenn man noch in meinem Alter ist und nur weinen kann?

Die jungen Eltern müssen sich darauf einstellen, daß das Kind etwas gereizt und schwer zu beruhigen sein wird, wenn es seinen ersten Zahn bekommt, was normalerweise im Alter von sechs bis sieben Monaten der Fall ist.

Der erste Zahn

Mir geht es gar nicht gut, ich weine und bin sauer und wütend, es geht mir wirklich nicht gut.

Ich kriege meine Beißerchen.

Eigentlich sind es ja Zähne, aber sie sagen immer Beißerchen dazu.

Meine Mama hat schon seit einiger Zeit meinen Gaumen befühlt, um herauszufinden, wo sie denn nun sind.

Die lieben, kleinen Beißerchen.

Der erste kam vor einigen Tagen unten, genau in der Mitte. Es war mein Papa, der ihn plötzlich fand.

»Liebling!« rief er meine Mama herbei und leckte sich den Zeigefinger. »Er ist da! Sein erster Zahn! Mann, o Mann, fast hätte er mir die ganze Hand abgebissen!«

Meine Mama konnte ihn auch sehen, und sie war hellauf begeistert. Es war ganz einfach eine Weltsensation!

Gestern kam noch einer, direkt neben dem ersten.

Jetzt habe ich zwei Zähne.

Meine Mama und mein Papa haben sie schon mehrmals gezählt, und jeder, der ins Haus kommt, kriegt sie vorgeführt.

Bald habe ich keine Lust mehr, sie vorzuzeigen.

»Laß doch die liebe Oma auch einmal deine hübschen kleinen Beißerchen sehen!«

Okay, bitte sehr, aber laß es schnell gehen.

Meine Oma, die alles über Kinder weiß, behauptet, daß ich bald noch zwei Zähne kriege, in drei Monaten wieder zwei, und dann noch mal zwei als Geburtstagsgeschenk.

Ich weiß nicht, wie viele es werden, aber wenn es so weitergeht, werden es bestimmt mindestens hundert.

Vielleicht kriege ich so viele Zähne, wie sie mich aus Omas Wasserglas auf dem Nachttisch immer angrinsen.

Im Alter von 7–8 Monaten kann es von Vorteil sein, das Kind im Laufstall unterzubringen, wo es wohlbehütet und geschützt ist, so daß die Mutter für kurze Zeit den Raum verlassen kann.

Der Laufstall

Meinen Laufstall mag ich nicht besonders.

Mein Opa auch nicht.

»Ich kann den Jungen sehr gut verstehen, wenn er nicht da drin sein mag«, meint er.

»Und ihr gehört ausgerechnet zu denjenigen, die empörte Leserbriefe über die Hühnerhaltung in Legebatterien schreiben!« Dann nimmt er mich aus dem Laufstall auf seinen Schoß und spielt Hoppe-Reiter mit mir, dabei fühle ich mich viel wohler. »Der Laufstall«, sagt mein Opa, »ist bestimmt von demjenigen erfunden worden, der auch Sing-Sing gebaut hat.«

Wenn mein Opa dann mit mir spielt, wird es sehr lustig, und ich vergesse sehr schnell den blöden Laufstall.

Zum Schluß hat mein Opa aber keine Zeit mehr, mit mir zu spielen.

Er will mich dann wieder in den Laufstall setzen. Ich aber werde ganz hysterisch und schreie aus Leibeskräften und trete um mich und will einfach nicht.

Denn jetzt merke ich ja wieder, wie blöd der Laufstall ist.

»Na, na«, beruhigt mich mein Opa, »ein großer Junge weint doch nicht, bloß weil er in den Laufstall soll.«

»So ein schöner, großer Laufstall«, sagt er, »da kannst du ungestört und in Frieden sitzen, während deine Mama das Essen kocht.«

Er gibt mir dann für einen Augenblick seine Uhr, und ich vergesse fast den Laufstall.

Bevor mein Opa geht, flüstert er mir noch etwas ins Ohr, was ich aber noch nicht ganz verstehe:

»Nur Mut, kleiner Mann, eines Tages wird Opa dir eine Feile und ein Stemmeisen hereinschmuggeln, damit du dir etwas Auslauf verschaffen kannst!«

Es ist ganz natürlich, wenn das Kind das schon kleingeschnittene Essen in die Hand nimmt oder es aus dem Mund holt und wieder hineinstopft, wobei es sich das Essen überall hinschmiert.

Füttern des Kindes

Es gibt viel gutes Spielzeug auf der Welt.

Ich denke jetzt nicht an Bauklötze, Stofftiere, Spieldosen, Plastiktiere und solche Dinge.

Ich denke an Essen.

Spielen kann man mit fast jeder Sorte von Essen, das man bekommt.

Haferbrei, um nur ein Beispiel zu nennen.

Den kann mir meine Mama mit dem Löffel in den Mund stecken, und wenn sie dann glaubt, daß ich ihn gegessen habe, hält sie mir den nächsten Löffel vor den Mund, worauf ich alles wieder aus dem Mund herausschiebe, so daß es richtig schön heruntertropft.

Sie stopft es wieder hinein.

Ich schiebe es wieder heraus.

Zum Schluß ist nichts mehr da.

Es klebt dann alles an meinem Lätzchen, und meine Mama gibt mir einen weiteren Löffel mit Brei.

So können wir sehr lange spielen, bis kein Brei mehr da ist.

Kleine Schnitten mit Leberpastete eignen sich auch sehr gut als Spielzeug. Man kann sie in die Hand nehmen und in die Haare klatschen. Weg!

Man kann auch versuchen, sie auf Mamas Nase zu kleben. Oder auf die eigene Nase, weil diese näher ist.

Kleine, runde Fleischklößchen gehören zu dem besten Essen, das ich kenne.

Die kann man nämlich verlieren, so daß sie unter den Tisch rollen.

Dann muß meine Mama sich danach bücken.

Ganz ohne eigene Schuld habe ich einmal meinen großen Bruder mit einem Fleischkloß mitten ins Gesicht getroffen.

Er hatte selbst zwei Frikadellen auf seinem Teller und wollte auch schon eine in die Hand nehmen.

Aber da wurde meine Mama wütend.

»Untersteh dich nicht, zurückzuschießen!« sagte sie sehr streng. Er wagte daraufhin nicht mehr, sie abzufeuern.

Ich konnte ihm aber ansehen, daß er immer noch sehr große Lust dazu hatte.

Dorschrogen mag ich viel lieber als Kartoffelpüree.

Es ist nämlich nichts Besonderes, mit der Hand in Kartoffelpüree zu klatschen.

Aber mit der Hand in Dorschrogen zu klatschen, das macht Spaß, denn es schwappt dann viel lustiger, und die kleinen Dorschkinder springen in alle Richtungen.

Weil sie Angst vor mir haben.

Möhrenbrei und Obstbrei und Bananenbrei und diese Sachen gehören auch zum guten Essen.

Ihr könnt mir glauben, ich habe schon sehr viel mit Brei gespielt.

Von Milch gar nicht zu reden.

Inzwischen ist es so einfach, mein Milchglas umzuschmeißen, daß ich kaum noch Lust dazu habe.

Obwohl es Spaß macht zu beobachten, wohin die Milch zu laufen beschließt.

Gestern nach dem Mittagessen waren meine Mama und mein Papa kurz davor, endgültig an die Decke zu gehen, und mein Papa sagte:

»Großer Gott, nach einem solchen Mittagessen muß es für den Jungen ja direkt langweilig sein, wenn er jetzt wieder mit Bauklötzen spielen soll!«

MAM-
MAM!

PFUiii

Wenn das Kind seinen Willen durchsetzen will, benutzt es als Mittel häufig das Weinen. Taktisches Weinen wird oft angewandt, wenn die Eltern zu nachgiebig gewesen sind. Das Kind kann aber auch aus vielen anderen Gründen weinen, zum Beispiel, wenn es seinen Schnuller verloren hat oder sein Fläschchen nicht erreichen kann.

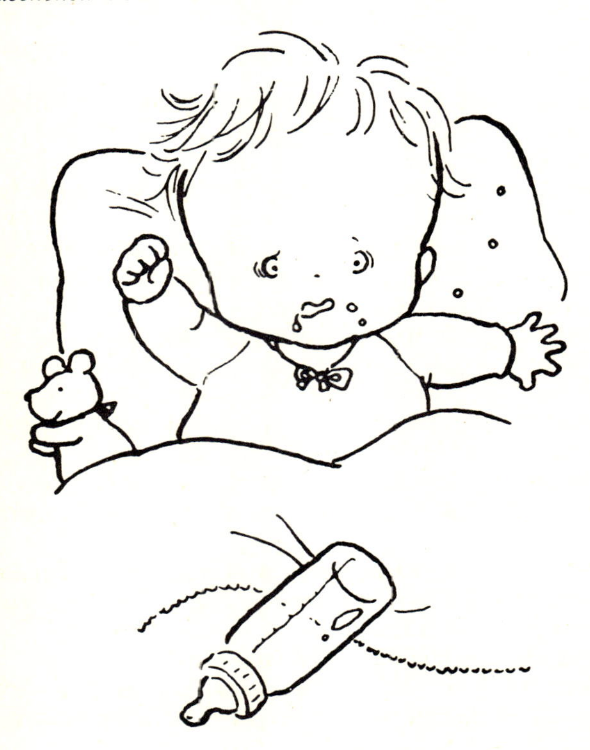

Taktisches Weinen

Ich habe etwas Merkwürdiges festgestellt.
Meine Mama weint nie.
Auch mein Papa nicht.
Mein großer Bruder weint manchmal.
Aber nur, wenn er sich weh getan oder ihn jemand geärgert hat. Bei mir ist das anders!
Ich weine jeden Tag ein bißchen, manchmal auch ein bißchen mehr, und manchmal kann ich gar nicht mehr aufhören.
Obwohl ich auch schon mal vergesse, warum ich weine.
Ich weine einfach.
Meine Mama stellt dann alles mögliche an, damit ich aufhöre. Das kann sehr schön sein.
Es muß aber trotzdem gesagt werden, daß sie es oft direkt darauf anlegt, mich zum Weinen zu bringen.
Sie wäscht mich zum Beispiel.
Wenn sie immer wieder versucht, mit diesem blöden Waschlappen mein Gesicht ganz wegzurubbeln, ist es doch wohl klar, daß ich irgendwann anfange zu weinen.
Wie soll ich ihr denn sonst klarmachen, daß sie aufhören soll zu rubbeln?
Meine Oma findet es merkwürdig, daß Babys so viel weinen. »Sie haben ja überhaupt keinen Grund«, meint sie.
»Wir Erwachsenen dagegen«, sagt sie, »weinen fast nie, obwohl es auf dieser Welt wahrhaftig genug gibt, worüber wir weinen könnten.«
Und nachdenklich fügt sie dann hinzu:
»Ich glaube fast, daß es viel schöner auf der Welt wäre, wenn die Menschen wieder lernen würden zu weinen.«

Wenn Grund zu der Annahme besteht, daß das Kind Fieber hat, sollte in jedem Heim ein Thermometer vorhanden sein; jede Mutter und jeder Vater sollten imstande sein, die Temperatur des Kindes zu messen.

Das fiebernde Kind

Manchmal bin ich wirklich krank, und manchmal glauben meine Mama und mein Papa, daß ich krank bin.

Aber weder sie noch ich entscheiden das.

Sie haben ein längliches Stäbchen, das sie Thermometer nennen.

Es ist das Thermometer, das entscheidet, ob ich krank bin und es mir schlechtgehen soll oder nicht.

Ich kriege das Thermometer in den Popo gesteckt, und hinterher schauen sie sehr angestrengt drauf.

Wenn sie dann ein betrübtes Gesicht machen und anfangen, die Stimme zu senken, dann bin ich krank.

Wenn ich krank bin, habe ich zu nichts Lust, ich will nur im Bett liegen.

Ich mag nicht einmal mit Hannibal sprechen. Oder ihn hoch in die Luft werfen. Oder mich vor ihm verstecken, ganz weit unter der Decke, wo er mich nicht finden kann.

Ich mag gar nichts.

Auch keinen Möhrenbrei oder Bananenbrei, auch nichts von meinem Spielzeug.

Ich tue mir selbst leid.

In der Nacht kommt meine Mama immer wieder zu mir herein und streicht mit der Hand über meine Stirn. Das tut sehr gut. Wenn sie dann wieder das Thermometer in meinen Popo stecken und ein fröhliches Gesicht machen, nachdem sie es studiert haben, bin ich wieder gesund.

Und meine Mama sagt dann auch wieder:

»Wenn du heute nacht durstig wirst, mein Schatz, brauchst du mich nur zu rufen – Papa bringt dir dann schöne warme Milch!«

Und mein Papa nickt mir zu und sagt:

»Ja, mein Junge, in diesem Haus herrscht durchgehender Tag- und Nacht-Service!«

Sowohl Flaschen- als auch Brustkinder sollten zusätzlich Vitamine erhalten, jedoch müssen sich die Eltern genauestens an die Vorgaben halten und niemals überdosieren. Es ist auch wichtig zu wissen, welche Vitamine in den verschiedenen Nahrungsmitteln enthalten sind, zum Beispiel Vitamin A in Möhren, Vitamin ABCD in Dorschrogen, Vitamin D in Hering, Makrele und Dorschleber, und so weiter.

Vitamine

Vitamine sind gesund, behaupten meine Mama und mein Papa. So ganz genau weiß ich zwar nicht, was Vitamine sind, sondern nur, daß sie sich in ein paar Tropfen auf einem Löffel befinden, den mir meine Mama gibt.

Es ist Lebertran, und wenn meine Mama den Löffel wieder aus meinem Mund nimmt, liegen die Vitamine immer noch auf dem Löffel.

Bis meine Oma eines Tages vorgeschlagen hat, den Lebertran einfach in einen Löffel mit Milch hineinzutropfen, und jetzt sind die Vitamine immer verschwunden, wenn ich meine Milch gegessen habe.

Bei den Mahlzeiten fragt mein großer Bruder manchmal, in welchem Essen Vitamine sind.

Er fragt immer gerne solche Sachen, und obwohl er nicht mit vollem Mund reden darf, bekommt er fast immer eine Antwort, weil es ja eine vernünftige Frage ist.

»Sind in meiner Makrele Vitamine?« fragte er gestern.

»Ja, Vitamin B«, antwortete meine Mama.

»Auch in einem Hering?«

»Ja, Vitamin D wie in Lebertran und Dorschleber.«

»Sind in unserem Goldfisch auch Vitamine?«

»Ja, aber Goldfische kann man nicht essen«, antwortete meine Mama.

Sie sagte auch, daß er jetzt den Mund halten und essen sollte. Aber mein großer Bruder war mit seinen Vitaminfragen noch nicht fertig.

»Hat Schokolade auch Vitamine?«

»Auf alle Fälle sind jede Menge Kalorien drin, wovon man dick und fett wird, und Zahnschmerzen sind in Schokolade.«

Sagte meine Mama.

In diesem Augenblick schmiß ich eine Tasse um, und wir waren damit beschäftigt, alles wieder aufzuwischen, und mein großer Bruder sagte nichts mehr von Vitaminen.

Aber als er mit dem Essen fertig war, fragte er wieder: »Mama, eine Möwe, die hoch oben in der Luft fliegt, hat die auch Vitamine?«

»Ja, natürlich«, antwortete meine Mama, »sehr viele sogar, denn Möwen ernähren sich von Fischen, die ja mit Vitaminen vollgestopft sind.«

»Dann waren also auch Vitamine in dem Möwenschiß, den damals eine Möwe auf Brüderchens Kinderwagen fallen ließ«, stellte mein Bruder fest.

Doch das war für meine Mama zuviel, sie wollte kein Wort mehr über Vitamine hören, und mein großer Bruder schwieg still.

Als wir alle mit dem Essen fertig waren und auch keine Tassen mehr umschmeißen konnten, sagte er zu meinem Papa:

»Du, Papa, darf ich noch ein einziges Mal nach Vitaminen fragen, weil sie doch so gesund sind?«

»Na gut, dann frag mal.«

»Wie viele Vitamine hat ein Elefant unten in Afrika?«

Das konnte mein Papa aber nicht beantworten, denn Vitamine könne man nicht so ohne weiteres zusammenzählen.

»Vitamine sind etwas, das überall in einem Elefanten verteilt ist«, sagte er.

Danach hatte mein großer Bruder nur noch eine Kleinigkeit zu sagen, womit aber auch die Diskussion über Vitamine endgültig beendet war, nämlich:

»Dann sind also auch Vitamine in einem Elefantenpups?«

Wenn das Kind sich weigert zu essen, sollte man es nicht zu stark nötigen und niemals dazu zwingen. Das schafft nur Trotz, woraus sich dann eine tatsächliche Essensverweigerung entwickeln kann.

Essensverweigerung

Manchmal will ich nichts essen und presse die Lippen fest zusammen, wenn sich der Löffel mit dem Brei nähert.

»Jetzt iß schön!« sagt meine Mama dann.

Sie kostet den Brei und versucht noch einmal, mir einen Löffel in den Mund zu stecken, aber ich kneife ihn zu.

»Heute ist er wieder mal völlig unmöglich«, sagt sie zu meinem Papa. »Dann laß mich mal«, sagt er, nimmt den Löffel, packt Brei drauf und fährt damit vor meinem Gesicht hin und her.

»Brzzzz«, surrt er dabei, »jetzt kommt das große, große Flugzeug, und weißt du, was es jetzt soll?«

Nein, das weiß ich nicht.

»Das große, große Flugzeug soll in die Garage . . . Mach schön den Mund auf, damit das große, große Flugzeug in die Garage kommen kann . . . Brzzzz!«

Gut, ich mache also den Mund auf, so daß mein Papa den Brei abladen kann, und dann lachen wir und versuchen es noch einmal. »Brzzzz . . . jetzt kommt das große, große Flugzeug wieder.«

Ich öffne meinen Mund, damit das Flugzeug hinein kann, und wir lachen wieder.

Meine Mama sitzt da und nickt und sieht sehr zufrieden aus.

»Heute sind aber viele Flugzeuge unterwegs«, meint sie.

Schon kommt das nächste an, und ich mache schnell den Mund auf.

»Den Rest kann er jetzt wohl ohne Flugzeug essen«, findet dann meine Mama.

Mein Papa sieht sie scharf an, macht den Löffel ganz, ganz voll und sagt:

»Nichts da, hier ist der Kontrollturm, jetzt kommt der große, große Jumbo-Jet! Brzzzz!«

Die Eltern können nicht verhindern, daß das Kind Spielzeug in den Mund steckt. Sie können aber darauf achten, daß die Spielsachen und andere Dinge, mit denen das Kind spielt, so groß sind, daß sie nicht verschluckt werden können.

Gefährliches Spielzeug

An einigen meiner Spielsachen mag ich gern lutschen und sie in den Mund stecken.

Manches aber schmeckt puh-ba!

Außer meinem Spielzeug gibt es noch viele andere Sachen, die gut schmecken, wenn man sie in den Mund steckt und daran lutscht.

Teppichfransen habe ich schon viele gegessen.

Nicht, weil sie nach etwas Besonderem schmecken.

Möhrenbrei und Obstbrei schmecken eigentlich ebenso gut. Vielleicht sogar besser, aber die Fransen esse ich ja auch nur so zum Zeitvertreib.

Übrigens habe ich gerade ein Geld gegessen. Es war meiner Mama aus der Hand gefallen.

Als sie es aufheben wollte, hatte ich es schon in den Mund gesteckt, weil es direkt vor mich gerollt war.

»Pfui-ba, pfui!« rief meine Mama, und ich sollte das Geld sofort wieder ausspucken.

Aber ich spuckte es nicht aus.

Ich spuckte es weiter in mich hinein.

Und plötzlich hatte ich es gegessen.

Meine Mama sagte, ich solle den Mund weit aufmachen, aber dazu hatte ich keine Lust.

Sie mußte die Finger zu Hilfe nehmen, um mir in den Mund gucken zu können.

Ihr Gesicht wurde völlig schief, als sie sah, daß das Geld weg war.

»Um Himmels willen, Junge, du hast es doch nicht etwa verschluckt?« rief sie entsetzt.

Genau das hatte ich.

Na und?

Meine Mama war immer noch ganz durcheinander, als mein Papa von der Arbeit kam.

Sie erzählte es ihm.

»Aber so beruhige dich doch«, sagte er.

»Wenn du die Münze nicht unbedingt sofort brauchst, dann kommt sie schon ganz von allein wieder, wenn der Junge morgen auf dem Topf sitzt.«

So lange wollte meine Mama aber nicht warten.

Sie setzte mich sofort auf den Topf.

»Ist etwas gekommen?« fragte meine Oma jeden Augenblick.

»Nichts«, antwortete meine Mama und hob mich hoch, um noch einmal im Topf nachzusehen.

»Nicht einmal ein Tröpfchen!«

»Wir müssen wohl doch den Arzt anrufen.«

»Oder das Finanzamt«, meinte mein Papa, »die kennen doch alle Tricks, die letzten Münzen aus den Leuten herauszuholen!«

Meine Oma sah mich sehr ernst an, machte ein paar tiefe Falten in ihre Stirn und sagte sehr streng:

»Pfuiiii! Bubilein darf nie mehr schlimmes Geld essen, ist bah-bah, gar nicht gut schmecken!

Oh, oh, oh, schlimmes, schlimmes Bah-bah-Geld!«

Fast immer spricht meine Oma so komisch mit mir, kleine Kinder können das ja kaum verstehen.

Als mein Papa gegessen hatte, kam er nachsehen, wie die Sache stand.

»Immer noch kein Treffer?« fragte er.

Meine Mama schüttelte den Kopf, woraufhin mein Papa mich auf den Arm nahm und im Badezimmer noch einmal auf den Topf setzte.

Hier störte uns niemand, und als er mich vom Topf hob, war alles gelaufen.

»Liebling!« rief er.

»Komm schnell gucken!

Eine 10-Öre-Münze! Phantastisch, Vater von einem Kind zu sein, das goldene Eier legt!«

UHHH!

Kinder werden mit einem natürlichen Bedürfnis zum Lutschen geboren. Über die unhygienische Erfindung Schnuller läßt sich jedoch nichts Gutes sagen. Jeden Augenblick fällt der Schnuller auf den Fußboden, aus der Wiege, aus dem Kinder wagen und aus dem Bett. Häufig wird er dann nur oberflächlich wieder gereinigt, bevor er weiterbenutzt wird.

Der Schnuller

Natürlich schmecken Haferschleim, Möhrengemüse, Kartoffelbrei und diese Sachen sehr gut.

Mein Schnuller aber schmeckt fast am allerbesten.

Ich besitze sechs Schnuller.

Dazu kommen noch zwei, in die ich aber ein Loch gebissen habe, die sind nicht besonders, da ist zu wenig Aroma drin, oder wie das Zeug heißt, das einem Schnuller den guten Geschmack gibt.

Mein Schnuller ist auch gut, wenn ich weine.

Ich höre fast immer damit auf, wenn ich meinen Schnuller kriege.

Ab und zu hat meine Oma einen besonders guten Schnuller für mich.

Wenn ich das bin, was sie unmanierlich nennt, dann taucht sie den Schnuller in die Zuckerdose.

Meine Mama und mein Papa haben ihr verboten, den Schnuller überhaupt in irgend etwas zu tauchen.

Sie sind beide sehr dagegen, daß ich einen Schnuller habe. Mein Papa behauptet, der Schnuller sei ein Überbleibsel aus einer dunklen, unaufgeklärten Zeit.

Und meine Mama meint, daß durch einen Schnuller später die Zähne schief wachsen können.

All solchen Quatsch sagen sie, aber sie geben mir trotzdem immer wieder meinen Schnuller, wenn ich mich nicht beruhigen will.

Gut, nicht?

Gerade haben sie gesagt, daß sie mir den Schnuller bald ganz abgewöhnen werden.

Nun, ihr könnt es ja versuchen, aber ihr müßt euch auf einen schweren Kampf einstellen.

Ich bin bereit, alle meine sechs Schnuller zu verteidigen, bis . . . bis zum letzten Schnuller.

Einige ansteckende Kinderkrankheiten sind sehr häufig, fast alle Kinder werden davon betroffen. Die Eltern dürfen jedoch niemals etwas auf die leichte Schulter nehmen, sondern sollten immer den Arzt zu Rate ziehen, damit das Kind die richtige Behandlung erhält.

Kinderkrankheiten

Mir geht's schlecht.

Ich liege in meinem Bett und darf gar nichts, weil meine Mama sagt, daß ich krank bin und Mumps habe, weil es hinter meinen Ohren ganz dick geschwollen ist.

Mein Papa liest in einem dicken Buch und sagt, er glaube, daß ich die Röteln habe, weil ich einen roten Fleck unter der Nase habe.

Er liest weiter und meint dann, daß es vielleicht auch Wasserpocken sind, weil sich eine winzigkleine, mit irgendeiner Flüssigkeit gefüllte Blase mitten in dem roten Fleck unter meiner Nase befindet.

Meine Mama aber wischt den Fleck mit einem Taschentuch weg, und dann sind es keine Wasserpocken mehr.

Mein Papa liest weiter in dem dicken Buch und untersucht dann meinen ganzen Körper mit einer großen Lupe.

»Masern«, sagt er daraufhin, »wir müssen den Arzt rufen, der Junge hat ja am ganzen Körper lauter Pickel!«

Im Buch steht, erzählt mein Papa, daß die Augen anfangen zu tränen und sich röten.

Und laut liest er weiter:

»Außerdem erfolgt ein Ausschlag von roten und ungleichmäßigen Pickeln.«

Der Onkel Doktor kommt dann auch, und während er mich untersucht, machen meine Mama und mein Papa ganz ernste Gesichter. »Obstpickel«, sagt er dann, »bis auf weiteres keinen Obstbrei.«

»Keine Medizin?« fragt meine Mama.

»Penicillin oder so etwas?«

Der Onkel Doktor streicht mir über das Haar.

»Lassen Sie ihn lieber aufstehen und weiter seine Streiche machen, das wird eher helfen!« sagt er.

Der Onkel Doktor ist lieb.

Beim Baden des Kindes sollte sich die Mutter immer viel Zeit lassen, da es immer etwas dauert, bis sich das Kind im Wasser zurechtfindet. Andererseits darf das Bad auch nicht so weit ausgedehnt werden, daß das Kind anfängt zu frieren.

Baden

Ich habe gerade gebadet.

Es ist gleichzeitig doof und herrlich.

Es ist doof, wenn ich in die Badewanne soll, denn das will ich nicht und fange an zu weinen.

Ich werde aber trotzdem ins Wasser gesteckt, und meistens höre ich dann auch auf zu weinen.

Es ist herrlich, wenn ich in der Wanne sitze und mit dem Wasser spielen darf.

Und es ist doof, wenn ich wieder heraus soll, denn das will ich nie.

Ich weine dann wieder ein bißchen, aber meine Mama nimmt mich trotzdem heraus.

Dann ist es wieder herrlich, wenn ich abgetrocknet worden bin und ganz einfach so dasitze.

Vorhin, als ich mich gerade richtig wohl fühlte, kam mein Papa, um zu sehen, wie sauber ich geworden war.

Er befühlte meinen Arm, oben an der Schulter.

»Donnerwetter, Junge!« rief er und machte ein imponiertes Gesicht, »hast du etwa schon Muskeln gekriegt?«

Mein großer Bruder hat auch Muskeln, und er behauptet, er könnte alle auf der ganzen Welt verhauen.

Mein Papa holte meine Mama und wollte richtig mit mir angeben. »Schau mal, Liebling«, sagte er, »der Bengel kriegt schon Muskeln, fühl mal!«

Meine Mama nahm mich auf den Arm, drückte mich ganz fest an sich und gab mir auf die Backe einen Kuß.

»Ich meinte aber die Muskeln in den Armen«, sagte mein Papa. Meine Mama betastete meine Armmuskeln.

»O ja, Donnerwetter!« rief sie. »Riesenmuskeln!«

»Es wurde ja auch Zeit«, fuhr sie fort und blickte dabei meinen Papa an, »daß ein richtiger Muskelmann in dieses Haus kommt.«

Im Alter von 10–12 Monaten beginnt das Kind, die Erwachsenen nachzuahmen; lacht man, lacht das Kind auch, sieht es seine größeren Geschwister zeichnen oder schreiben, versucht es ebenfalls, die Buntstifte zu ergattern, um genau das gleiche zu tun.

Der Nachahmungstrieb

Ich kann schon eine Menge.

Auf Papas Taschenrechner kann ich bis 999.999.999 rechnen.

Und ich kann bis zwei zählen.

Das hat mir meine Oma beigebracht.

»Hör mal zu, mein kleiner Liebling«, sagt sie, »deine Mama ist *eine*, die dich liebhat.«

Dabei streckt sie einen Finger hoch.

»Und dein Papa ist auch *einer*, der dich liebhat.«

Dabei streckt sie noch einen Finger hoch.

»Macht zusammen *zwei*«, sagt sie.

»Eine liebe Mama und ein lieber Papa, das ist genau das, was ein kleines Kerlchen wie du braucht!«

Wenn meine Oma richtig gerechnet hat, kann ich also bis zwei zählen.

Aber ich kann noch mehr.

Ich kann einen schönen Brief an meine Mama schreiben.

Dazu nehme ich den roten Buntstift von meinem großen Bruder und schreibe den Brief an die Wand, damit meine Mama ihn sehen und sich darüber freuen kann.

Ich schreibe:

»Liebe Mama, Du bist die beste auf der Welt!«

Ganz genau weiß ich nicht, mit welchen Strichen man das buchstabiert, und sicherheitshalber zeichne ich daher noch ein Bild meiner Mama dazu.

Damit sie sofort erkennen kann, daß der Brief für sie ist.

Ich schreibe auch an meinen Papa:

»Lieber Papa, Du bist auch der beste auf der Welt, auf einem guten zweiten Platz!«

Nur ein Problem habe ich noch nicht gelöst.

Mit welchen roten Strichen schreibt man:

»Viele herzliche Grüße und 999.999.999 Küsse«?

Wenn die Mutter selbst Kleidung für das Baby stricken will, muß sie darauf achten, daß es dem Kind nicht zu warm wird, was leider häufig der Fall ist.

Selbstgestrickte Babysachen

Meine Oma ist Weltmeister darin, für mich etwas zum Anziehen zu stricken.

Sie strickt Pullover und Strampelanzüge und Mützen und Handschuhe und Strümpfe und so weiter.

Ich bin nicht ganz sicher, ob es stimmt, daß sie auch Windeln und Topflappen für mich strickt.

Das jedenfalls behauptet mein Papa.

Die Pullover muß ich immer dann anziehen, wenn meine Mama friert.

Aber ich friere nie, wenn ich die selbstgestrickten Pullover anhabe. Ich schwitze.

Wenn ich erkältet bin, muß ich auch eine Menge selbstgestrickter Pullover anziehen, dazu Mützen und Handschuhe, und dann schwitze ich.

Meine Oma mag es nicht, wenn meine Mama fragt, ob die Ärmel nicht vielleicht etwas zu lang sind.

Das sind sie nämlich immer.

Wenn meine Oma es nicht hört, behauptet mein Papa, die Ärmel könnten fast einmal um die Erde reichen, und das am Äquator! Meine Mama freut sich über die selbstgestrickten Sachen, auch wenn ich sie nicht ganz auftragen kann.

»Man kann ja nie wissen«, sagt sie, »ob nicht noch eins dazukommt.«

»Auf jeden Fall reicht es bestimmt für noch eins«, meint sie. »Für noch eins?« überlegt mein Papa und blickt auf die Berge von Pullovern und Anzügen, die meine Oma gestrickt hat.

»Es ist genug da für so viele Babys, daß sie, wenn sie sich anfassen . . .«

»Ja, ja«, sagt meine Mama, »daß sie einmal um die Erde reichen können, und das am Äquator!«

In regelmäßigen Abständen sollten Größe und Gewicht des Kindes kontrolliert werden, um die Werte mit den Normtabellen zu vergleichen, die jede junge Familie zur Hand haben sollte.

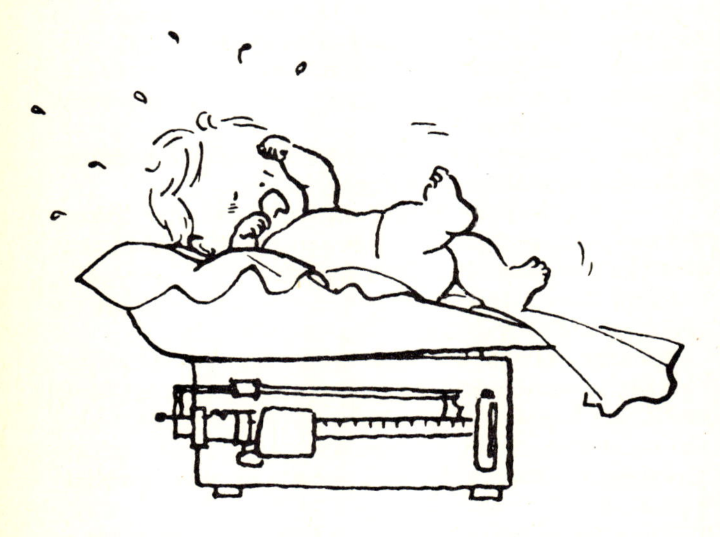

Wiegen und Messen

Es ist immer etwas los, wenn ich gewogen und gemessen werden soll.

Und obwohl ich die ganze Zeit strample und genau das Gegenteil von dem tue, was meine Mama sagt, macht es im Grunde viel Spaß.

Als ich noch ganz klein war, machte es nicht so viel Spaß. Damals kam immer eine Dame zu mir, das war eine Säuglingsschwester.

Sie mußte mich auch wiegen.

Dazu hängte sie mich in meiner Windel auf, mit einem Gerät, das wie eine Kartoffelwaage aussah.

Und dann hing ich da und schaukelte zwischen Himmel und Erde, während die Dame die Windel und mich scharf beobachtete, und plötzlich konnte sie dann sagen, wieviel ich wog.

Zu mir sagte sie dann, ich sei ein großer Junge.

Zu meiner Mama aber sagte sie, ich sei etwas klein im Verhältnis zu meinem Gewicht.

Und damit war alles gesagt.

Aber jetzt!

Jetzt ist es immer eine große Galavorstellung, mich zu wiegen und zu messen, weil es jetzt meine Mama macht und weil sie dazu die Waage im Badezimmer benutzt.

Wenn sie mich darauflegt, wiege ich alles mögliche zwischen Himmel und Erde.

»Du darfst ihn nicht festhalten«, sagt mein Papa, »laß ihn doch los, kein Baby wiegt zweiundzwanzigeinhalb Kilo!«

Dann läßt meine Mama mich los, ich strample mich von der Waage runter und wiege plötzlich null Kilo, woraufhin wir uns alle drei amüsieren und es noch einmal versuchen.

Mein Papa sitzt mit sämtlichen Gewichtstabellen in der Hand da und behauptet, meine Idealgröße nicht ausrechnen zu können, bevor er nicht mein exaktes Gewicht hat.

Das hat er aber noch nie bekommen, weil ich immer auf der Waage zapple wie ein Fisch an der Angel.

Sagt meine Mama.

Es ist genauso schwer, mich zu messen.

Sie wollen immer wissen, wie lang ich vom einen Ende bis ganz zum anderen bin.

Mein Papa nimmt dabei etwas, das er ein Zentimetermaß nennt, und sagt, ich soll mich ganz gerade halten.

Ich rolle mich aber zusammen, sosehr ich kann!

Aber das tue ich nur, damit wir alle viel Spaß haben.

Wenn ich immer alles tun würde, was mir Mama und Papa sagen, würde ich im Leben längst nicht so viel Spaß haben!

So viel habe ich jedenfalls schon gelernt.

Mit einigem Glück erhält mein Papa dann ein paar Maße, die er sich alle notiert.

Meine Mama kann nicht verstehen, was er mit so vielen Maßen anfangen will.

»Sieh mal«, erklärt er, »aus der Gesamtsumme errechne ich eine Durchschnittszahl, damit habe ich ein brauchbares Maß.«

»Und was ergibt sich heute als Endergebnis?« fragte meine Mama gestern abend, als ich wieder gemessen und gewogen worden war, wobei ich aber immer wieder von der Waage rollen konnte.

»Tja, das Endergebnis«, meinte mein Papa nachdenklich, »nach meinen Unterlagen ist er 68 Komma 5 Zentimeter groß und wiegt null Kilo.«

»Null Kilo«, sagte meine Mama, wobei sie mich auf den Arm nahm und fest an sich drückte, »dann mußt du aber mehr Spinatbrei essen, mein Schatz!«

Die Weltgesundheitsbehörde spricht von körperlichem Wohlbefinden, wenn jemand ausreichend zu essen, genügend Entspannung, eine gute Wohnmöglichkeit und die notwendige Kleidung hat. Luxusbetonte Gebrauchsgüter sind für das Wohlbefinden völlig überflüssig, insbesondere beim kleinen Kind.

Wohlbefinden

Meine Mama behauptet, daß meine Oma mich verwöhnt.

Sie sagt, es sei nicht gut für mich, daß meine Oma mich an luxusbetonte Gebrauchsgüter gewöhnt.

Meine Oma gibt mir nämlich Ogolala.

Fast kann ich es schon selbst richtig aussprechen: »Ogolala.«

Auf dem Papier jedoch, in das die Ogolala eingepackt ist, steht Schokolade.

Vor kurzem kam meine Oma wieder zu Besuch.

Ich mag es, wenn meine Oma kommt.

Denn dann passiert so viel mit mir.

Ich und meine Oma können so schön zusammen spielen.

Das allerbeste ist natürlich, daß sie immer ein Stückchen Ogolala für mich mitbringt.

Sie hat es auch dann, wenn sie behauptet, es vergessen zu haben!

Sie tut dann immer so, als ob sie es nicht finden kann.

Und sucht in ihrer Tasche und überall.

Aber ich bin ja nicht von gestern!

Und auch nicht heute nacht erst in der Schleuder getrocknet!

Deshalb weiß ich genau, daß sie zum Schluß doch noch die Ogolala findet.

Und wie sie sich dann freut!

Ich freue mich auch und mache schnell den Mund auf.

»Siehst du«, sagt meine Oma und packt aus, »die Oma hat für ihr kleines Schätzchen ja doch noch große, große Ogolala mitgebracht!«

Da habe ich aber Glück gehabt!

Und dann esse ich Ogolala mit dem ganzen Gesicht,

worauf meine Mama sagt, daß Oma mich schon wieder verwöhnt.

Meine Mama meint, ich sollte lieber Möhrenbrei essen.

Aber meine Oma antwortet, daß die Welt nicht einzig und allein aus Möhrenbrei besteht. Und davon profitiere ich.

Wenn die Eltern es wollen, können sie das Kind ruhig schon auf den Topf setzen, wenn es etwa 8–9 Monate alt ist; sie dürfen jedoch nicht sofort einen Erfolg erwarten und auch niemals das Kind zwingen, länger auf dem Topf zu sitzen, als es selbst will.

Der Topf

Ich kann auf dem Topf sitzen.

Ich habe gerade erst damit angefangen, und ich kann schon mit ganz geradem Rücken sitzen, wie meine Mama es gerne möchte. Noch weiß ich nicht, warum ich auf dem Topf sitzen soll, aber es macht mir nichts aus, solange ich nicht den ganzen Tag da sitzen soll.

Ab und zu hebt mich meine Mama vom Topf hoch, um nachzusehen, ob er immer noch da ist.

Und dann will sie von mir, daß ich ein großes, großes Pipi mache.

Das kann ich aber nicht.

Wenn ich dann anfange zu weinen, darf ich runter vom Topf, worauf ich ein großes Pipi auf den Fußboden mache, nur um ihr eine Freude zu machen.

Gestern riet meine Oma, die alles über kleine Kinder weiß, daß sie mir eine Banane geben sollten, damit ich etwas zu lutschen hätte, während ich auf dem Topf sitze.

»Der Topf lenkt ihn zu sehr ab«, sagte sie.

»Wenn aber seine Aufmerksamkeit und seine Gedanken von der Banane in Anspruch genommen werden, vergißt er den Topf, und ihr werdet schon sehen . . . dann läuft alles, groß und klein!«

Sie gaben mir ein Stück Banane und taten alle so, als ob weder ich noch der Topf im Zimmer seien.

Ich legte die Banane in den Topf.

Kurz danach hob meine Mama mich hoch.

Meine Oma hatte gerade ihre Brille nicht auf und rief triumphierend:

»Na, also!«

»Nichts da«, meinte mein Papa und schüttelte ärgerlich den Kopf.

»Es ist nichts als eine Attrappe, liebe Schwiegermutter!«

Wenn das Kind etwa 8–9 Monate alt ist, braucht das Essen nicht mehr immer püriert zu werden. Das Kind wird auch bald selbst Wert darauf legen, das gleiche zu tun wie die übrige Familie, genauso wie es verhältnismäßig schnell lernt, mit seinem eigenen Löffel zu essen.

Kleckern bei Tisch

Es grenzt manchmal an eine Zirkusnummer, wenn ich esse. Ich kann nämlich mit dem Löffel essen.

Als ich klein war, konnte ich das noch nicht.

Damals hat immer meine Mama für mich mit dem Löffel gegessen. »Jetzt iß mal schön«, sagt meine Mama heute, wenn ich das Lätzchen anhabe, und dann esse ich schön, bis sich plötzlich der Haferbrei in den Haaren befindet oder etwas davon auf dem Fußboden landet.

Wenn meine Mama es wegwischt, kommt mein großer Auftritt.

Ich patsche feste mit der Hand in meinen Teller, so daß sich der Haferbrei beeilt, nach allen Seiten zu springen, und dann freue ich mich.

Meine Mama freut sich nicht, mein Papa auch nicht, aber mein großer Bruder lacht.

Dann ist mein Papa der Meinung, daß es *jetzt* genug sei, und meine Mama entfernt den Haferbrei aus meinen Haaren, von der Tischdecke, vom Stuhl und aus dem Milchbecher.

Sie meint, ich sei wohl doch noch zu klein, um mit dem Löffel zu essen.

Worauf sie mir den Löffel wegnimmt.

Aber das hätte sie nicht tun sollen.

Denn dann schreie ich, um meinen Löffel wiederzukriegen, manchmal kippe ich auch meinen Milchbecher um, oder mein großer Bruder tut das, weil er dabei helfen will, mich zu füttern.

Als es gestern wieder auf der Kippe stand und mein Papa kurz davor war, an die Decke zu gehen, sagte er: »Wenn wir jetzt alle eine rote Pappnase hätten, könnten wir mit dieser Nummer im Zirkus Krone auftreten!«

O Mann, das wär doch was!

Wenn das Kind im Alter von 8–9 Monaten schon selbst sitzen kann, darf die Mutter es bereits für einen kurzen Moment allein lassen. Allein durch die Nähe der Mutter, etwa in der angrenzenden Küche, wird das instinktive Kontaktbedürfnis des Kindes befriedigt, wobei auch die Stimme der Mutter dem Kind das notwendige Gefühl von Ruhe und Geborgenheit gibt.

Kontaktbedürfnis

Ich behaupte ja nicht, daß ich hier auf dem Fußboden sitze und mich langweile.

Ich verlange auch nicht, daß meine Mama die ganze Zeit mit mir spielen soll.

Ich finde nur, daß es nicht besonders lustig ist, bloß auf meinem Popo zu sitzen und darauf zu warten, daß etwas passiert.

Es passiert nämlich nichts.

Meine Mama hat mich mitten ins Wohnzimmer gesetzt.

Bumms, setzte sie mich hin.

Und mitten im Wohnzimmer ist der blödeste Platz im ganzen Haus, weil es hier überhaupt nichts gibt, an dem ich fummeln kann, auch nichts umzuwerfen oder kaputtzureißen.

Hier gibt es nur mich und Hannibal.

»So, mein kleiner Schatz«, sagte meine Mama, als sie mich hinsetzte, »hier könnt ihr beide wohl einen Augenblick sitzen und spielen, während Mama in der Küche etwas zu tun hat.«

Was soll ich denn spielen?

Ab und zu guckt meine Mama aus der Küche zu uns herein.

Und meint dann, daß wir hier aber schön sitzen.

Und auch, daß ich wirklich ein großer Junge bin.

Das bin ich aber nicht, ich bin ein kleiner Junge.

Ein kleiner Junge, der gleich anfängt zu heulen.

Alles, was ich kann.

Jetzt muß nämlich etwas geschehen.

Ich und Hannibal sind ja nicht dazu geboren, die ganze Zeit hier herumzusitzen und dabei ganz allein auf der Welt zu sein.

Bloß weil meine Mama Kartoffeln schälen will.

Mit 9 Monaten fängt das Kind an zu krabbeln, es scheut jetzt keine Anstrengungen, um an die vielen interessanten Dinge im Haus heranzukommen, alles wird untersucht und hochgehoben, es wird daran geschmeckt, und nach Möglichkeit wird es umgeworfen.

Das Krabbelalter

Ich kann krabbeln.

Ich kann ganz bis ans andere Ende der Welt krabbeln.

Das andere Ende der Welt liegt draußen im Wintergarten, aber dort darf ich nicht herumkrabbeln.

Weil es da so vieles gibt, das ich umwerfen könnte.

Alle Blumen von Mama und solch lustige Sachen.

Einige davon schmecken ganz gut, aber nur in kleinen Portionen.

Ich kann aber auch auf eine völlig neuartige Art und Weise krabbeln.

Habe ich mir selbst beigebracht.

Ich sitze dabei auf meinem Popo und benutze das eine Bein wie eine Rudermaschine, so sagt jedenfalls meine Mama, und dann geht es los, in fliegender Fahrt.

Es geht auf jeden Fall schnell.

Ich kann nicht verstehen, warum meine Mama und mein Papa und mein großer Bruder und auch alle anderen niemals krabbeln.

Wenn man krabbelt, sieht man mehr.

Man kommt zum Beispiel unter alle Tische.

Oder zwischen die Stuhlbeine.

Ich habe noch nie meinen Opa zwischen den Stuhlbeinen krabbeln sehen.

Vielleicht hat er es nie gelernt.

Wenn man Glück hat, kann man an einem Stuhl rütteln, so daß er furchtbare Angst kriegt und mit einem lauten Knall umfällt.

Als ich gestern gerade mit Höchstgeschwindigkeit durchs Zimmer krabbelte, sagte meine Mama:

»Wenn es Weltmeisterschaften im Krabbeln gäbe, würde er bestimmt Gold holen.«

»Ja«, stimmte mein Papa ihr zu und sah dabei sehr stolz aus.

»Und dann würde er auf das Siegerpodest krabbeln, die Flagge würde gehißt, und die Nationalhymne gespielt ... für unseren Sohn!«

Sie küßten sich, so stolz waren sie.

Jedes Kind, und das war schon bei den Höhlenmenschen von Altamira der Fall, besitzt eine Reihe künstlerischer Fähigkeiten, insbesondere zeigt sich schon sehr früh die Fähigkeit, etwas hervorzubringen, das einer Art primitiver Malkunst nahekommt.

Künstlerische Fähigkeiten

Erdbeermarmelade kann man essen.

Natürlich kann man kein ganzes Glas Marmelade essen.

Aber man kann die Hand hineintauchen und dann die Finger wieder sauberlutschen.

Jedenfalls so sauber, wie man gerade Lust hat.

Denn Erdbeermarmelade schmeckt nur am Anfang gut.

Dann wird es langweilig, und man mag nicht mehr.

Aber es gibt ja noch so vieles andere, was man damit machen kann.

Wenn man für einen Augenblick allein in der Küche ist.

Und von Mamas neuer Erdbeermarmelade ein Glas erwischen kann, von dem mein großer Bruder den Deckel abnehmen konnte, um daran zu schlecken.

Vieles von dem, was man mit Marmelade tun kann, macht man besser, wenn es niemand sieht.

Man kann hübsche Bilder an die Wand malen, hübsche Bilder, auf denen man auch etwas erkennen kann.

Auch auf dem Fußboden kann man Bilder malen.

Und zum Schluß kann man sich selbst bemalen.

Man kann Marmelade auf die Kleidung schmieren.

Und übers Gesicht und in die Haare.

Dann wird man ein sehr dekoratives kleines Kind.

Ich freue mich schon darauf, daß meine Mama gleich kommt und mich sieht.

Ganz bestimmt wird sie begeistert die Hände zusammenschlagen und ausrufen:

»Oh, mein lieber Schatz, du spielst aber schön mit Mamas Marmelade!

Bist du aber ein tüchtiger, großer Junge!«

Das wird sie ganz sicher sagen, wenn sie sieht, daß ich die ganze Marmelade zum Malen gebraucht habe.

Kleine, weiche Teddys, Stoffhunde und andere kleine Stofftiere sind für das kleine Kind mehr als nur Spielzeug, es sind unentbehrliche Dinge, mit denen das Kind sich wohl fühlt, wenn sie in seiner Nähe sind, insbesondere zur Schlafenszeit.

Schmusetiere

Hannibal ist mein bester Freund auf der ganzen Welt.

Mein großer Bruder sagt aber, Hannibal sei nur ein Stoffteddy.

Ein Stoffteddy?

Es mag ja sein, daß Hannibal ein Teddy ist wie alle anderen Teddys auch.

Er ist aber viel lieber.

Meinen Hannibal kann ich überhaupt nicht entbehren.

Am allermeisten mag ich ihn deswegen, weil er sich so gern an mich kuscheln und mit mir schmusen mag.

Wenn wir abends schlafen gegangen sind, ist er es, der am besten auf mich aufpassen kann.

Damit niemand kommt und mich wegnimmt.

Und wenn es morgens wieder hell wird, dann hat Hannibal die ganze Nacht neben mir gelegen und darauf gewartet, daß ich bald wach werde.

Das ist doch lieb, oder?

Und genau das mag ich an meinem Hannibal.

Daß er mich mag.

Wir können so gut miteinander denken und miteinander schlafen und miteinander spielen.

Wenn ich manchmal geweint habe oder wenn ich traurig bin, dann hilft es immer, wenn sich Hannibal ganz fest an mich kuschelt.

Egal, wie viele Freunde ich vielleicht einmal kriege, ich kriege niemals einen so guten Freund wie meinen Teddy, meinen Hannibal.

Er schimpft nie mit mir, ist mir nie böse, berichtigt mich nie und hat mich noch nie zum Weinen gebracht.

Das nenne ich einen Freund!

Wenn das Kind zu Bett gebracht worden ist, sollte man es nicht mehr zu lange wach halten. Das Kind sollte eine angemessene Zeit, bevor es endgültig einschläft, im Zimmer allein gelassen werden, damit es sich in Ruhe in den Schlaf »denken« kann.

Regelmäßige Schlafenszeiten

Manchmal wohne ich bei meiner Oma und meinem Opa.

Dann müssen sie einen ganzen Tag auf mich aufpassen, manchmal auch eine ganze Nacht.

Meine Mama und mein Papa sagen, daß ich verzogen werde, aber das macht mir nichts aus.

Ich wehre mich nicht dagegen.

Ab und zu muß man doch ein bißchen verwöhnt werden, oder?

Wozu hat man uns denn sonst?

Ich mag meine Oma und meinen Opa, weil sie immer so lustige Spiele mit mir machen und ich extra lange aufbleiben darf.

Ich bin nur etwas traurig, weil ich ihnen nicht richtig zeigen kann, wie lieb ich sie habe.

Ich möchte ihnen so gern einen Gefallen tun, weil sie so viel Gutes für mich tun.

Meine Oma hat mir ein Bilderbuch gekauft, und wenn sie mich zu Bett gebracht hat, zeigt sie mir die vielen Bilder.

Wir haben sie gerade alle gesehen, und jetzt liege ich allein in meinem Zimmer und soll schlafen.

Im Bilderbuch ist ein Schloß.

Ein Schloß mit tausend Zimmern.

Ein solches Schloß möchte ich gern für meine Oma und meinen Opa bauen.

Es soll dann die Sonne durch alle tausend Fenster scheinen, damit sie gegen Omas Gicht hilft.

Und mein Opa bekommt einen schönen rotgestrichenen Schaukelstuhl, in dem er dann sitzen und schaukeln kann wie der König in meinem neuen Bilderbuch.

Ich weiß nur nicht genau, wie man ein solches Schloß baut.

Vielleicht kann ich meinen großen Bruder überreden, mir dabei zu helfen.

Dann können wir das Schloß mit dem ganzen Sand aus seinem Sandkasten bauen.

Und wir könnten den Sand mit ganz viel Wasser kneten und matschen, so daß er gut zusammenbackt und zu einem richtig tollen, großen Schloß wird, mit einem hohen Turm an jeder Ecke.

Und dann soll das Schloß tausend Jahre stehen.

Wenn meine Oma und mein Opa eingezogen sind, kann ich sie manchmal besuchen und in allen Zimmern schlafen.

Ich kann dann auch versuchen, mich in Opas roten Schaukelstuhl zu setzen und kräftig zu schaukeln.

Und Hannibal soll es ebenfalls probieren.

Vielleicht können wir dann auch alle vier darin schaukeln und dabei laut lachen.

Ein solch großes Schloß wie in meinem neuen Bilderbuch möchte ich gern für meine gute Oma und meinen guten Opa bauen. Tausend Jahre sollen sie dann darin wohnen, bis sie alt geworden sind.

Denn wenn es wirklich so ist, wie meine Mama und mein Papa immer sagen, daß ich nämlich immer schrecklich verwöhnt werde, wenn ich bei meiner Oma und meinem Opa bin, und daß sie nie meine regelmäßigen Schlafenszeiten einhalten, dann schulde ich ihnen doch eine Menge, und es wäre nicht nett von mir, niemals auch nur eine kleine Gegenleistung zu bringen.

Nicht wahr, Hannibal?

Hannibal . . . schläfst du schon?

So früh wie möglich sollte das Kind lernen, daß es nicht mit allen Dingen spielen darf. Gefährliche Dinge in der Küche sind kein Spielzeug, Mamas Nähmaschine, Papas Schreibmaschine, elektrische Leitungen und das Telefon sind auch kein Spielzeug. Das ist alles Au-au!

Tabuspielzeug

Ich darf nicht ans Telefon.

Ich darf es nicht einmal anfassen.

Aber ich *kann* es anfassen, und meine Mama hat mir das selbst beigebracht.

Es ist etwas Merkwürdiges mit dem Telefon, denn manchmal wohnt mein Papa darin.

Und dann spricht meine Mama mit ihm.

Sie sagt dann immer, daß ich meinem Papa »Guten Tag« sagen soll.

Dann sage ich ihm »Guten Tag« und noch viel mehr:

»Ba-ba-a-ba-ba-agy-agy-da-da-da-na-na-na.«

»Ja, du hast sicher recht«, sagt dann mein Papa drinnen im Telefon.

Als mein Papa und mein großer Bruder einmal ins Wochenendhaus gefahren waren, klingelte plötzlich das Telefon, und meine Mama fing an zu sprechen.

Sie wollte dann, daß ich meinem großen Bruder »Guten Tag« sage. Sie hielt den Hörer an mein Ohr, und mein großer Bruder sagte etwas zu mir, weil er sich nämlich im Telefon versteckt hatte.

Und ich hatte geglaubt, er sei mit meinem Papa weg.

Das ist nämlich das Merkwürdige am Telefon.

Wenn man glaubt, daß die Leute gar nicht hier sind, weil man selbst gesehen hat, daß sie aus dem Haus gegangen sind, dann plötzlich – rrring – haben sie sich nur im Telefon versteckt!

Gerade eben rief das Telefon wieder – rrring!

Und meine Mama fragt mich jetzt, ob ich meiner Oma etwas sagen will.

Natürlich, ich will sie fragen, wie sie es geschafft hat, sich im Telefon zu verstecken:

»Abludr – abludr – abludr, abah – bah – bah – bah?«

Wenn das Kind etwa 9-10 Monate alt ist, sollte man damit Ernst machen, das Kind zur Sauberkeit zu erziehen, was bedeutet, daß das Kind mit entsprechendem Erfolg auf dem Topf sitzen kann. Das Kind darf aber nicht den Eindruck erhalten, daß der »hohe Hut« ein unterhaltsames Spielzeug ist.

Sauberkeitserziehung

Ich habe den schnellsten Topf der Welt.

Wenn ich darauf sitze, dann saust er mit mir obendrauf über den Fußboden, und es ist sehr lustig, auf diese Art die Welt zu sehen.

Ich kann auch alles mögliche hineinstecken, Klötze und Autos und Schnuller und solche Sachen.

Als ich mich gestern mit Hannibal gezankt hatte, steckte ich auch ihn in den Topf, damit er lernen sollte, wieder lieb zu sein.

Ich bin auch schon mit dem Topf bis zum Schreibtisch von meinem Papa getöfft, dabei fand ich einen Brief, der heruntergefallen war.

Als meine Mama mich vom Topf hob, fand sie den Brief.

»Hallo!« sagte sie zu meinem Papa.

»Hier ist Post!«

Mein Papa fand das überhaupt nicht lustig.

Seit diesem Tag binden sie den Topf immer fest, meist an einer Ecke des Laufstalls.

Wenn der Topf festgebunden ist, kann ich nicht damit herumtöffen.

Aber wißt ihr, was ich kann?

Manchmal kann ich sogar ein Bein hineinstecken und ein Fußbad nehmen.

Wenn ich das tue, gibt es immer ein großes Hallo, und wenn meine Mama mich dann vom Topf hebt, meint sie immer, daß ich niemals Sauberkeit lerne.

Und dabei hört sie sich ziemlich ärgerlich an.

Heute dürfte es aber viel schlimmer werden, wenn meine Mama kommt und sieht, was ich gemacht habe.

Sie wird bestimmt sehr böse sein. Ganz plötzlich habe ich nämlich eine Wurst in den Topf gemacht!

Notwendigerweise muß sich die Mutter häufig in der Küche aufhalten, es ist daher ganz natürlich, daß das Kind ihr folgt. Dem Kind sollte jedoch so früh wie möglich eingeprägt werden, daß heiße Töpfe, der Heißwasserhahn, alles, was auf dem Elektroherd steht, Messer, Gabeln und alle sonstigen Küchengeräte kein Spielzeug sind.

Küchenspielzeug

Der schönste Raum des Hauses ist Mamas Küche.

Da gibt es so viel, an dem man herumfingern und das man umwerfen kann.

Wenn ich auf dem Küchentisch sitzen und meiner Mama helfen darf, mit den Händen den Brotteig zu kneten, dann fühle ich mich ganz einfach wohl.

Ich mag es aber nicht, wenn meine Mama Pfannkuchen backt.

Denn Pfannkuchen beißen in den Augen.

Alles andere mag ich aber.

Ausgenommen, wenn meine Mama Zwiebeln schneidet.

Dann weinen sowohl meine Mama als auch ich mit den Augen.

Und es ist herrlich, eine Tasse auf den Boden zu schmeißen.

»Uuhhhh!« rufe ich dann.

Meine Mama sagt auch eine ganze Menge.

Ich darf bloß nicht zu viel auf den Boden werfen, denn dann ist es plötzlich vorbei damit, in der Küche sein zu dürfen.

In den Küchenschubladen ist eine Menge Spielzeug versteckt, Siebe und Schaumlöffel und ein Fleischhammer, mit dem sich Bumm-bumm machen läßt.

Ich wünschte, ich hätte in meinem Spielzimmer auch so viel herrliches Spielzeug.

Aber dort habe ich gar nichts.

Nur Gummitiere, Bauklötze, Autos, Bilderbücher und solche langweiligen Sachen.

Mit Mamas Küchentrichter macht es am meisten Spaß.

Darauf kann ich nämlich Musik blasen.

Als ich vorhin in der Küche saß und mit dem Trichter

Musik machte, steckte mein Papa kurz den Kopf durch die Tür und sagte:

»Mann, das klingt aber gut!
Kannst du auch den ›Einmarsch der Gladiatoren‹?«

Das Kind kann schon sehr früh trotzig sein. Wenn es etwas Bestimmtes tun soll, zieht es vor, etwas anderes zu tun; sagt die Mutter, daß es bei Tisch stillsitzen soll, überhört es die Ermahnung und will herausbekommen, wie lange es herumzappeln kann, bis es daran gehindert wird.

Das Trotzalter

Wißt ihr, wann ich am schönsten mit meinen Bauklötzen, Holzwagen, Plastikkugeln, Bilderbüchern und Gummitieren spiele, mit meinem besten Spielzeug?

Ich spiele am schönsten damit, wenn meine Mama kommt und sagt:

»So, mein Schatz, jetzt ist Schlafenszeit!«

Oder wenn sie sagt:

»So, mein Schatz, jetzt muß ein kleiner müder Junge sein Mittagsschläfchen halten!«

Ich, ein kleiner müder Junge?

Ich bin überhaupt nicht müde!

Aber ganz abgesehen davon, ist es mir völlig unverständlich, warum kleine Kinder immer gerade dann schlafen sollen, wenn sie am schönsten spielen.

Warum soll ich schlafen, wenn ich lieber wach sein will?

Warum soll ich immer schön unter der Decke liegen, wenn ich viel lieber obendrauf liegen will?

Warum soll ich auf dem Topf sitzen, wenn ich lieber daneben sitzen und Bauklötze hineinschmeißen will?

Warum soll ich immer brav meinen Fruchtbrei essen, wenn ich viel lieber damit spielen will?

Warum soll ich meiner Oma immer einen Kuß geben, wenn ich ihr viel lieber die Brille von der Nase reißen will?

Warum muß ich immer in meinem Laufstall sitzen und heraussehen, wenn ich viel lieber draußen sitzen und hineinsehen will?

Ich kann es auch anders ausdrücken:

Warum soll ich immer lieb sein, wenn es viel lustiger ist, unartig zu sein?

Ich frag' ja nur!

Im Alter von 11-12 Monaten wird das Plappern des Kindes immer verständlicher, es liebt es jetzt auch, selbst Laute zu produzieren, vor allem solche, die seine Umgebung als Lärm bezeichnen würde.

Das lärmende Kind

Mamas Kofferradio in der Küche ist viel besser als das Radio im Wohnzimmer.

Ich kann selbst darauf spielen, deswegen ist es besser.

Das kann ich immer dann, wenn meine Mama das Kofferradio zu mir auf den Fußboden stellt, um schnell in Ruhe Kartoffeln schälen zu können.

Ich drücke auf ein paar Knöpfe, und es macht herrlichen Lärm.

Wenn ich aber an einem falschen Knopf drehe, kann plötzlich ein riesengroßer Lärm herauskommen, genau auf meinen Kopf zu, und dann kriege ich manchmal ein bißchen Angst. Manchmal kriege ich so viel Angst, daß ich weinen muß.

Leider bin ich noch zu klein, um Mamas Kofferradio kaputtzumachen. Mein großer Bruder ist aber groß genug, er hat es auch schon mehrmals kaputtgemacht. Er ist aber auch schon fünf.

Er kann auch Uhren kaputtmachen. Einmal hat er einen Wecker so kaputtgemacht, daß meine Mama und mein Papa morgens gar nicht aufstehen konnten.

Am besten macht er eine Uhr kaputt, wenn er damit ganz allein ist.

Er macht auch Spielzeug kaputt.

Ich glaube, er besitzt kein Spielzeug, das er nicht kaputtmachen kann.

Mein großer Bruder ist ja auch sehr groß und sehr tüchtig.

Wenn ich groß bin, will ich als erstes Mamas Kofferradio kaputtmachen.

Es eilt mir aber nicht damit.

Denn es ist schön, wenn man sich auf etwas freuen kann.

Es gibt auch andere Möglichkeiten als nur Mamas Kofferradio, um Lärm und Musik zu machen.

Ich kann nämlich auch selbst Musik spielen.

Ich brauche dazu nur einen Topfdeckel und einen Kochlöffel. Damit mache ich eine Musik, die im ganzen Haus zu hören ist, so daß sich meine Mama und mein Papa die Ohren zuhalten.

Meine Mama vergißt dann völlig, daß sie eigentlich Kartoffeln schälen wollte.

Als ich einmal auf dem Küchenfußboden saß und tolle Musik machte, indem ich mit dem Kochlöffel auf Töpfe und Pfannen haute, kam plötzlich mein Papa dazu.

»Ach, du bist es nur«, sagte er.

»Ich dachte schon, die Philharmoniker wären gekommen, um für Mama den Radetzky-Marsch zu spielen!«

Ich glaube schon, daß mein Papa ein bißchen stolz darauf ist, daß ich mit dem Kochlöffel solche Musik machen kann. Vor kurzem saß ich wieder auf dem Fußboden und spielte mit zwei Topfdeckeln »Backe, backe Kuchen«.

Meine Mama hielt sich die Ohren zu, mein Papa aber sah sehr stolz aus.

»Weißt du, mein Schatz«, sagte er zu meiner Mama, »jetzt brauchen wir ihm nur noch das Gehen beizubringen, dann kann er als Trommler in die Königliche Leibgarde eintreten!«

Mein Papa nimmt mich wohl langsam ernst.

Mit 10–11 Monaten wird das Kind ausgesprochen aktiv. Dann ist ein Schaukelpferd das richtige Spielzeug, damit das Kind lernt, das Pferd zu beherrschen und richtig zu dirigieren.

Schaukelpferde

Ich habe jetzt ein Pferd.

Ein richtiges Schaukelpferd, auf dem man reiten kann wie auf einem echten Pferd.

Manchmal ist es etwas schwer zu bändigen, ich mache dann ein großes Geschrei und will nicht mehr auf dem doofen Schaukelpferd reiten.

Übrigens, ich habe zwei Pferde.

Mein Opa ist auch sehr gut als Pferd.

Er ist so gut, daß meine Oma schon gesagt hat, er sei am besten als Pferd zu gebrauchen.

»Na, na«, antwortet er darauf, »jetzt mach aber mal einen Punkt!«

Wenn mein Opa Pferd ist, hilft meine Oma mir, auf seinen Rücken zu steigen, und er wiehert und galoppiert im ganzen Zimmer mit mir herum.

Ab und zu tritt er mit dem Hinterbein aus, wobei ich immer lachen muß.

Es passiert aber nie etwas, wenn ich auf meinem Opa reite, denn meine Oma hält mich immer fest.

Das muß sie besonders dann, wenn mein Opa in Galopp verfällt oder wenn er etwas macht, das er »Klassische Wiener Hohe Schule mit Voltigieren und Schraube rückwärts« nennt. Wenn er dabei die Vorderbeine zur Schraube rückwärts hebt, muß meine Oma immer »brrr-brrr« rufen, damit er endlich anhält.

Während sie mich wieder herunterhebt, sagt meine Oma, daß an meinem Opa ein großes Karusselpferd verlorengegangen sei, worauf mein Opa mir die Wange tätschelt und meint:

»Wir beide müssen bloß noch etwas trainieren, dann werden wir die großen Favoriten und gewinnen das Derby auf der Galopprennbahn!«

Im Alter von 10–12 Monaten geschieht nicht nur eine starke physische Entwicklung, sondern das Kind macht auch bedeutsame geistige Fortschritte. Es möchte alle Dinge in seiner Umgebung ansehen und betasten, sie in seiner Umgebung anwenden und herausfinden, was es ist und was es selbst damit anfangen kann.

Kreatives Spielzeug

Jetzt werde ich richtig groß.

Als ich noch klein war, habe ich immer versucht, Mamas Lippenstifte zu essen.

Keiner hat jedoch geschmeckt.

Jetzt esse ich keine Lippenstifte mehr, wenn ich sie in die Finger kriege.

Das heißt, ein kleines bißchen lutsche ich manchmal noch daran.

Aber ich spucke den Geschmack schnell wieder aus, ich mag ihn immer noch nicht.

Ich kann viel besser damit spielen.

Lippenstifte sind nämlich ein herrliches Spielzeug.

Hat man Mamas Lippenstifte mit im Bett, kann man die ganze Bettdecke cherry, redlight oder pompadourrot bemalen.

Ich habe nämlich einmal gehört, wie meine Mama meinem großen Bruder erzählte, wie die ganzen Farben heißen.

Man kann auch seinen Teddy überall mit Cherry bemalen. Und mit Redlight hinter den Ohren, wenn man richtig trifft.

Es ist nämlich schwierig, mit Lippenstift zu malen, ohne daß etwas danebengeht.

Es endet immer damit, daß meine Mama plötzlich ankommt und mir die Lippenstifte wegnimmt, wobei sie dann sehr laut und sehr schnell spricht. Sie versteht überhaupt nicht, daß Lippenstifte kreatives Spielzeug sein können, wie mein Papa auch schon gesagt hat.

Er meinte außerdem, ich sollte mich so früh wie möglich an den Geschmack gewöhnen, damit ich Bescheid weiß, wenn ich später in die Praxis auf dem großen Kußmarkt entlassen werde.

Ist das Kind ein Jahr, kann es schon kleine Wörter hervorbringen, die meist »Mama« und »Papa« bedeuten sollen, es kann einer Stimme im Telefon lauschen, und es fragt nach bestimmten Dingen: »as-das?«

Die ersten Worte

Ich kann meine Mama und meinen Papa rufen.

Mehr als hundertmal hat meine Mama mich aufgefordert: »Sag mal ›Mama‹!«

Dann sage ich »Mama«, aber meine Mama versteht mich nicht richtig und versucht es noch einmal, worauf ich wieder »Mama« sage.

Sie versteht mich jedoch immer noch nicht, und dann sage ich nicht mehr »Mama«, sondern eine ganze Menge anderer Wörter, die sie ebenfalls nicht versteht.

Wenn es ums Sprechen geht, ist meine Mama nicht gerade eine Leuchte, jedenfalls kann sie nicht besonders gut mit mir sprechen.

Mein Papa versucht es auch immer wieder, bei ihm soll ich »Papa« sagen.

»Nun mal raus mit der Sprache«, verlangte er gestern. »Du brauchst dich nicht zurückzuhalten, sag mal ›Papa‹!«

»Ah-ba«, sagte ich.

»Das war's!« rief er aus, und sein Gesicht sah plötzlich sehr fröhlich aus.

»Liebling«, rief er, »er kann sprechen!

Er sagte eben ganz deutlich ›Papa‹, das ist absolut sicher!«

Er sah mir gerade in die Augen:

»Sag noch einmal ›Papa‹!«

Ich sagte nichts.

»Komm schon, mein Junge, sag ›P-a-p-a‹!«

Ich sagte:

»Abludr-abludr-abludr.«

»Gerade eben konntest du es doch«, meinte er enttäuscht.

Als ich vorhin auf dem Fußboden saß, um einen spannenden Brief zu lesen, der heruntergefallen war, blickte ich plötzlich zu meiner Mama hoch und sagte dabei:

»Ah-maa!«

Meine Mama war wie elektrisiert, sie hob mich hoch, drückte mich ganz fest an sich und sah richtig glücklich aus.

Nur weil ich »Mama« gesagt hatte.

PAPA...

Man sollte es sich zur Regel machen, Töpfe und Pfannen, Gläser und Bestecke immer außerhalb der Reichweite des Kindes zu stellen, weil es sonst unweigerlich versuchen wird, sie anzufassen, nicht um sie umzuwerfen oder kaputtzumachen, sondern aus reiner Neugier.

Die Lust, etwas umzuwerfen

Fast alles, was auf dem Tisch steht, ist dazu da, umgeschmissen zu werden.

Flaschen und Gläser und Tassen und all diese Dinge.

Es ist alles nur gemacht, damit kleine Kinder ihren Spaß haben können, wenn es umkippt.

Und ich finde es sehr gut und sehr aufmerksam, daß meine Mama und mein Papa immer dafür sorgen, etwas auf den Tisch zu stellen, was man umwerfen kann.

Es macht nämlich Spaß, etwas umzuwerfen.

Ohne daß man etwas dafür kann.

Ich kann nämlich nie etwas dafür, wenn etwas umkippt. Ich berühre es bloß, um feszustellen, was es ist, und dann – plötzlich – kippt es um.

Bumms!

Woraufhin es Spaß macht, nachzusehen, ob nun Milch oder Saft oder Kaffee umgekippt ist.

Und zu beobachten, wo es hinläuft.

Wenn ich auf dem Fußboden herumkrabbele, kann ich an der Tischdecke ziehen und bin dann immer sehr gespannt, ob etwas herunterfällt.

Ich muß dabei nur aufpassen, daß es mir nicht gerade auf den Kopf fällt.

Denn wenn es mir direkt auf den Kopf fällt, muß ich meistens weinen.

Einmal habe ich an der Tischdecke gezogen und eine ganze Schüssel Erdbeergrütze ins Gesicht gekriegt. Natürlich habe ich da nicht geweint, so überrascht war ich.

Mann, o Mann, ich konnte weder hören noch sehen.

Meine Mama beeilte sich, mein ganzes Gesicht von der Erdbeergrütze zu befreien.

Sie leckte mich dabei ab, denn die schöne Erdbeergrütze wäre zu schade zum Wegwerfen, meinte sie.

Mein großer Bruder fragte, ob er Milch über meinen Kopf gießen dürfe, denn er mag keine Erdbeergrütze ohne Milch.

Es war ein großes Hallo, meine Mama vergaß ganz zu schimpfen. Und das will was heißen.

Aber diese Geschichte mit der Erdbeergrütze ist schon lange her.

Ich hätte schon Lust, mal wieder an der Tischdecke zu ziehen und etwas Erdbeergrütze herunterzureißen.

Es macht auch Spaß, an dem Deckchen von Mamas Nähmaschine zu ziehen.

Dann fallen nämlich viele schöne Sachen auf den Fußboden: Garnrollen, Knöpfe, Stricknadeln und Stoffreste.

Meine Mama sagt immer, das Nähkästchen sei viel zu gefährlich für kleine Kinder.

Und mein Papa meint, es sei total hirnrissig, erst ein Deckchen auf die Nähmaschine zu legen und dann auch noch das Nähkästchen daraufzustellen.

Auch wenn wir das Deckchen von meiner Oma bekommen haben und es deswegen nicht einfach in den Schrank legen können.

Aber mein Opa, der immer sehr vernünftige Ansichten hat, ist der Meinung, wenn kleine Kinder im Hause sind, sollte man überhaupt nirgends etwas hinstellen, was heruntergerissen werden kann.

»Du hast völlig recht, Schwiegervater«, antwortet meine Mama, »ich kann dir aber versichern, daß es auf die Dauer sehr kompliziert wird, nur auf den oberen Brettern des Regals zu wohnen!«

Geburtstage sind immer ein so großes Ereignis, daß die Eltern den ersten Geburtstag des Kindes schon zu etwas Besonderem machen sollten, nicht zuletzt ihrer selbst und der Familie wegen.

Der erste Geburtstag

Mein erster Geburtstag.

Ihr könnt mir glauben, daß ich auf diesen Tag lange gewartet habe.

Weil nämlich meine Mama einmal gesagt hat, wenn ich ein Jahr alt werde, kriegen wir alle eine große Torte mit einer hübschen Kerze mittendrin.

Als mein großer Bruder Geburtstag hatte, gab es eine Torte mit fünf Kerzen, aber er ist ja auch älter als ich.

Wenn meine Oma Geburtstag hat, gibt es überhaupt keine Kerzen.

»Warum denn nicht, Oma?« fragte mein großer Bruder einmal. »Weil das nicht geht, mein Junge«, antwortete sie.

»Mit so vielen Flammen würden wir ja riskieren, die ganze Stadt abzubrennen!«

Gestern war mein eigener erster Geburtstag.

Ich wurde ein Jahr alt.

Und das ist etwas Schönes, ein Jahr alt zu werden.

Sie kamen nämlich alle und machten fröhliche Gesichter und gratulierten mir.

Ich bekam Geschenke und Pullover und Mützen und Handschuhe. Nicht einmal meine Mama hat besonders geschimpft, als ich anfing, mit der Torte zu spielen, und mit voller Wucht die Hände in die Sahne klatschte.

Mein Opa behauptete, noch nie ein Geburtstagskind gesehen zu haben, das die Sahne weit hinter den Ohren essen konnte.

Jeder bekam auch Kakao in seine Tasse.

Ich durfte aber nicht soviel kriegen, so daß ich mich damit begnügen mußte, die Tasse von meinem großen Bruder umzuwerfen.

Aber ein schöner Geburtstag war es trotzdem.

Ich hoffe, bald wieder ein Jahr alt zu werden.

Mit einem Jahr hat das Kind eine Reihe von Fertigkeiten entwickelt, es kann herumgehen, wobei es sich an den Möbeln festhält, es kann ein paar einfache Wörter hervorbringen, es kann winken, Backe-Kuchen machen, seine Strümpfe ausziehen und vieles mehr.

Fertigkeiten

Ich kann mich selbst anziehen.

Das heißt, nicht ganz an, aber ein bißchen an.

Ich kann meine Mütze über die Augen ziehen, bis ich ganz weg bin.

Beim Ausziehen bin ich auch schon recht gut.

Zum Beispiel kann ich meine Strümpfe von meinen Füßen ausziehen.

Das kann ich fast so oft, wie meine Mama sie mir anzieht.

Und wißt ihr, was ich noch kann?

Ich kann meiner Oma zeigen, wie groß ich bin.

Sooo groß!

Mit meinem Opa kann ich Kuchen backen.

Er nimmt meine Hände und klatscht sie zusammen, wobei wir dann singen:

»Backe, backe Kuchen,
der Bäcker hat gerufen.
Wer will schönen Kuchen backen,
der muß haben sieben Sachen:
Eier und Salz,
Butter und Schmalz,
Milch und Mehl,
Safran macht den Kuchen gehl!«

Wir klatschen dabei immer tüchtig in die Hände und backen einen Kuchen für Mama, einen für Papa, einen für meinen großen Bruder und ...

Mein Opa breitet die Arme weit, weit aus, bevor wir sie zusammenklatschen, wobei er sagt:

»Und einen ganz, ganz großen für den kleinen Hannibal!«

Dabei lachen wir.

Ich kann noch mehr.

Ich kann ein kleines Stück gehen.
Aber nur ein sehr kleines Stück.
Meine Mama hält mich fest, und mein Papa streckt mir die Arme fast ganz entgegen.
Wenn er sagt: »Komm zu Papa!«, bin ich kurz davor zu kommen.
Ich zögere aber noch etwas, worauf er es noch einmal sagt, und wißt ihr, was ich dann mache?
Dann komme ich!
Einen ganzen Schritt.
Ohne hinzufallen natürlich!

MAL-
BUCH

Mit einem Jahr ist das Kind ständig darauf aus, neue Erfahrungen zu machen und etwas Neues zu lernen. Es kann auf seiner Trommel spielen, Backe-Kuchen machen sowie viele andere lustige Sachen, aus denen es immer wieder lernt.

Wißbegierde

Ich bin so etwas wie ein Rechengenie.

Mein Papa hat mir beigebracht, auf seinem Taschenrechner mit ganz vielen Babys zu rechnen.

Er drückt ein paar Knöpfe, und plötzlich erscheinen alle kleinen Babys in einer Reihe: 888.888.888.

Ich kann deutlich erkennen, daß es Babys sind.

»Und wie sie alle schön stillsitzen!« meint mein Papa. »Die sitzen sicher alle auf dem Topf.

Sieh mal, es sind sogar drei kleine Töpfe übrig.«

O ja!

Mit Papas ausrangiertem Taschenrechner darf ich selbst rechnen, soviel ich will.

Ich versuche immer, mit vielen Babys zu rechnen, die in einer Reihe auf dem Topf sitzen, aber es ist sehr schwer, so viele Babys auf einmal hervorzubringen.

Aber ich habe ausgerechnet, daß der schnellste Weg zum Rechnen so geht, daß man den Taschenrechner neben sich auf den Fußboden legt und sich kurz erhebt.

Und dann – bumms – läßt man den Popo auf alle Zahlen fallen. Beim Nachsehen erkennt man dann 776.534.839 oder etwas anderes Hübsches.

Mein Papa guckte mir eines Tages zu, als ich auf diese Weise rechnete.

Mit dem Popo.

Er meinte, daß ich diese Methode ohne weiteres zum Weltpatent anmelden könnte.

Oder an ein Rechenzentrum verkaufen.

Dann drückte er auf die Knöpfe, so daß alle 888.888.888 Babys auf dem Topf hervorkamen und rief meiner Mama zu:

»Liebling, willst du eine einfache Methode sehen, 888.888.888 Babys zu kriegen?«

Mit einem Jahr kann das Kind an Möbelstücken entlanggehen, es geht auch über den Fußboden, wenn die Mutter es am Arm oder an der Hand hält und es dabei stützt, aber völlig allein gehen können nur sehr wenig Kinder dieses Alters, wohingegen sie mit großer Geschwindigkeit auf allen vieren krabbeln können.

Die ersten Schritte

Heute habe ich einen Spaziergang gemacht.

Richtig im Gehen.

Allein.

Schon lange konnte ich mit Riesenexpreßgeschwindigkeit durchs Wohnzimmer krabbeln, was mir auch Spaß gemacht hat. Ich konnte auch schon lange gehen, wenn meine Mama oder mein Papa mich gut festgehalten haben, aber sie dürfen mich dabei nicht betrügen und einfach loslassen, denn dann setze ich mich auf meinen Popo. Bumms.

Und dann ist es vorbei mit dem Gehen.

Ohne daß mir jemand hilft, kann ich auch ganz allein an einem Tisch- oder Stuhlbein stehen.

Es muß bloß jemand in der Nähe sein, damit ich nicht doch wieder Bumms mache, direkt auf den Popo.

Aber heute habe ich meinen ersten richtigen Spaziergang gemacht.

Anfangs wollte ich nicht richtig.

Meine Mama und ich standen mitten im Wohnzimmer, als mein Papa kam, sich in die Hocke setzte und mir die Arme entgegenstreckte.

Er sagte, ich solle ruhig kommen.

Ich wollte aber nicht, denn er streckte seine Arme nicht weit genug aus und war viel zu weit weg.

Mindestens einen oder zwei Schritte.

Darauf streckte er mir die Arme noch weiter entgegen, und plötzlich dachte ich: Jetzt tu ich's!

Und dann tat ich es.

Ohne hinzufallen, ging ich ganz zu ihm hin.

Ganz allein ging ich zu ihm.

Zwei Schritte.

Geradeaus in die Welt.

In der ersten Zeit direkt nach der Geburt hat das Kind noch einen Schlafbedarf von etwa 20 Stunden, sechs Monate später schläft es nur noch etwa 16 Stunden, und mit einem Jahr benötigt das Kind etwa 14–15 Stunden Schlaf.

Gute Nacht

Meine Mama sagt, daß ich täglich 15 Stunden schlafen muß. Und jetzt gerade verspüre ich das Bedürfnis zu schlafen. Aber das ist nicht weiter schlimm, denn wir sind nun alle etwas müde.

Ich und Hannibal und meine Bilderbücher und all mein Spielzeug und mein Schnuller und meine Decke und mein Bett und mein Topf in der Ecke.

O ja, wir sind alle müde.

Jetzt warte ich nur noch darauf, daß meine Mama gleich kommt und mir meinen Gutenachtkuß gibt und mir all das Schöne sagt, was sie immer sagt, kurz bevor ich die ganze Nacht schlafe.

»Gute Nacht, mein kleiner Schatz, morgen ist heute schon gestern, und – husch – dann ist die Nacht vorbei!

Und wenn die Nacht vorbei ist, kommt morgen wieder ein schöner neuer Tag für uns alle.

Und denk daran, daß du deiner Mama morgen früh erzählst, was du Schönes geträumt hast.

Vielleicht schaut gleich der Mond herein und küßt dich auf deine kleinen, süßen Bäckchen.«

So etwa sagt meine Mama immer zu mir, während sie mich richtig zudeckt.

Und obwohl ich nicht immer alles verstehe, was sie sagt, mag ich es trotzdem, denn sie sagt es mit einer Stimme, die so sanft ist, daß ich meist dabei einschlafe.

Und dann kriege ich einen richtig großen, langen Gutenachtkuß. Und so ein schöner Gutenachtkuß wiegt dann den ganzen Ärger auf, den ich im Laufe des Tages mit meiner Mama und meinem Papa und meinem großen Bruder und der ganzen Welt gehabt habe.

Bevor ich dann ganz einschlafe, kann ich gerade noch denken: Mama ist die beste auf der Welt!